Accounting
Horizon

アカウンティング ホライズン

現代会計学の基礎知識

田中久夫［編著］

税務経理協会

はじめに

「読者の一日をいただきたい。」

これが，本書を企画した際の基本コンセプトである。つまり，会計学の学習を必要としている読者諸兄が，日常のうち，たった一日だけを空けておつきあいいただければ，現在，各方面において話題になっている会計学（企業会計）の基礎がすべてお解りいただけるテキストを作りたい，と考えて編纂したものが本書である。

本書のタイトルは，『アカウンティング ホライズン－現代会計学の基礎知識－』。

ベーシックな Accounting（会計学）が目指す Horizon（水平線または地平線，あるいは視野または展望）を表示したものである。つまりは，会計学の基本課題全体を俯瞰し，その大きさを確認したうえで，それを平明に解説して，これを理解する，とした意味を込めた書名である。

したがって，本書の中身は，そのタイトルどおり，簿記・会計学の学習を始めて間もない大学1，2年生や社会人，特に会計に関連する資格取得を目指す者が，これからその学習を進めていくにあたり必ず一度は目にしておかなければならない会計学の基本的課題から現代的問題までをも網羅しており，しかもその記述はつとめて簡易な文体に徹するよう執筆陣にお願いした。

その執筆者には，日頃，会計実務の最前線に立つ税理士，公認会計士諸氏と全国各地の大学において若き会計学徒に教鞭を揮う気鋭の会計学者諸氏にお集まりいただいて，それぞれが得意とする分野を分担のうえ執筆いただいた。また，書物が大冊になって，一日では読み切れなかったり，また読者として想定される若き学生の費用負担を考えてその満足を得られる程度の定価とするために，各章のボリュームについてはこれを制限して執筆をお願いした。その結果，各自がテーマごとにその制限内に収めるべき項目を精査し，これだけは細大洩

らすことができないという項目だけを選別して解説していただいたため，その内容は過度に冗長になることなく問題点をダイレクトに摑んだものになったとの効果が上がっている。

さて，冒頭に「一日をいただきたい。」と述べた以上，この「はじめに」の読了に時間を取らせるわけにはいかない。読者諸兄には，はやく本論の中に分け入り，本書を読み進めていただきたい。

最後に，このような企画の本書を上梓するにあたり，その連絡役として山本博人君（税理士・作新学院大学大学院経営学研究科博士後期課程在籍）には大変お世話になった。この場を借りてそれを労いたい。また，税務経理協会の峯村英治部長からはさまざまなご助言を賜るなどして，大変なご苦労をおかけした。氏に対しても，深甚なる謝意を表するものである。

平成17年1月

編著者　田中　久夫

執筆者一覧 （担当章順）

・田中　久夫（たなか　ひさお）……第1章，第6章担当
　　作新学院大学経営学部教授・税理士

・武田　光正（たけだ　みつまさ）……第2章担当
　　税　理　士
　　（事務所：栃木県真岡市台町2437武田ビル3Ｆ　☎0285－82－3417）

・佐々木　隆（ささき　たかし）……第3章担当
　　税　理　士
　　（事務所：栃木県宇都宮市日の出1－6－17　☎028－610－8723）

・大輪　好輝（おおわ　よしてる）……第4章担当
　　税理士・作新学院大学講師
　　（事務所：東京都北区赤羽1－19－7葵ビル803号　☎03－3903－5100）

・新　　茂則（しん　しげのり）……第5章担当
　　中村学園大学短期大学部教授

・山本　博人（やまもと　ひろひと）……第7章担当
　　税理士・作新学院大学大学院経営学研究科博士後期課程在籍
　　（事務所：東京都中野区中野5－44－12　☎03－3387－0688）

・太田　裕隆（おおた　ひろたか）……第8章担当
　　作新学院大学大学院経営学研究科博士後期課程在籍

・大山　利信（おおやま　としのぶ）……第9章担当
　　税理士・高田短期大学講師
　　（事務所：三重県四日市市安島2－10－16伊藤忠・安田生命ビル3Ｆ
　　　　☎0593－53－5625）

・宮入　正幸（みやいり　まさゆき）……第10章担当
　　公認会計士
　　（事務所：新日本監査法人　東京都千代田区内幸町2－2－3日比谷国際ビル12F
　　　　☎03－3503－1624）

・昆　　誠一（こん　せいいち）……第11章担当
　　九州産業大学経営学部教授

・齋藤　　奏（さいとう　すすむ）……第12章担当
　　名古屋経済大学大学院教授・公認会計士

・松本　康彦（まつもと　やすひこ）……第13章担当
　　税　理　士
　　（事務所：佐賀県佐賀市開成2－14－1　☎0952－32－0345）

・吉田　雅彦（よしだ　まさひこ）……第14章担当
　　税理士・作新学院大学大学院経営学研究科博士後期課程在籍
　　（事務所：茨城県結城市大字結城1110　☎0296－20－8038）

・奥積　賢一（おくづみ　けんいち）……第15章，第17章担当
　　税理士・東洋学園大学講師・大東文化大学経済研究所研究協力者
　　（事務所：税理士法人アスカ　東京都板橋区氷川町7－7TMビル
　　　　☎03－5248－1002）

・田中　　薫（たなか　かおる）……第16章担当
　　株式会社　さくら総合研究所　国際会計部上席研究員

・山﨑　敦俊（やまざき　あつとし）……第18章担当
　　作新学院大学大学院経営学研究科博士後期課程在籍

目　次

はじめに

第1部　会計学のフレームワーク

▶第1章　現代企業会計の現状と課題……………（田中　久夫）・3
　Ⅰ　わが国企業会計（制度会計）の構造
　　　──会計基準の国際化の必要性……………………………… 3
　Ⅱ　商法の利益計算原理と利益配当規制
　　　──会計と商法の乖離……………………………………… 6
　Ⅲ　税法の所得計算原理と税効果会計の制度化
　　　──会計と税法の乖離……………………………………… 9

▶第2章　会　計　原　則………………………（武田　光正）・17
　Ⅰ　会計原則の形成と構造 ……………………………………17
　Ⅱ　会　計　公　準 ……………………………………………18
　Ⅲ　企業会計原則の一般原則 …………………………………20

▶第3章　商　法　会　計………………………（佐々木　隆）・27
　Ⅰ　商法会計における基本目的 ………………………………27
　Ⅱ　商法平成14年改正 …………………………………………28
　Ⅲ　商法施行規則の特徴 ………………………………………30

i

▶第4章　税務会計 ……………………………………（大輪　好輝）・35
　Ⅰ　税務会計の意義 ………………………………………………35
　Ⅱ　税務会計の内容 ………………………………………………35
　Ⅲ　税務会計と確定決算主義及び決算調整 ……………………37
　Ⅳ　課税所得計算と申告調整 ……………………………………39

第2部　貸借対照表の理論と構造

▶第5章　貸借対照表の構造 …………………………（新　茂則）・45
　Ⅰ　貸借対照表の意義と役割 ……………………………………45
　Ⅱ　貸借対照表価額の評価 ………………………………………47
　Ⅲ　貸借対照表の種類，形式，区分と分類，配列，注記 ……49

▶第6章　資　産　会　計 ……………………………（田中　久夫）・53
　Ⅰ　商法会計における資産会計の特徴 …………………………53
　Ⅱ　資産に関する商法の規制 ……………………………………56

▶第7章　負　債　会　計 ……………………………（山本　博人）・63
　Ⅰ　金融商品と負債会計 …………………………………………63
　Ⅱ　意　　　義 ……………………………………………………63
　Ⅲ　商法施行規則 …………………………………………………66
　Ⅳ　負債会計にかかわる問題点とその解決 ……………………66
　Ⅴ　本質と課題 ……………………………………………………67

▶第8章　資　本　会　計 ……………………………（太田　裕隆）・71
　Ⅰ　資本概念 ………………………………………………………71
　Ⅱ　資本の分類 ……………………………………………………72
　Ⅲ　株式会社の資本会計 …………………………………………75

|Ⅳ| 今後の展望と課題 …………………………………………77

第3部　損益計算書の理論と構造

▶第9章　損益計算書の構造 ………………………（大山　利信）・81
|Ⅰ| 損益計算書の本質 ………………………………………………81
|Ⅱ| 当期業績主義損益計算書と包括主義損益計算書 ……………81
|Ⅲ| 損益計算書の構造を支える諸原則 ……………………………82
|Ⅳ| 企業会計原則における損益計算書の構造 ……………………84
|Ⅴ| 商法における損益計算書の構造 ………………………………86
|Ⅵ| 損益計算書の構造の本質 ………………………………………87

▶第10章　収益会計 ……………………………………（宮入　正幸）・89
|Ⅰ| 収益の意味 ………………………………………………………89
|Ⅱ| 収益の認識（発生主義と現金主義）…………………………90
|Ⅲ| 収益概念（実現主義）…………………………………………91
|Ⅳ| 具体的な収益の認識方法 ………………………………………93
|Ⅴ| 収益額 ……………………………………………………………95
|Ⅵ| 実務問題 …………………………………………………………96

▶第11章　費用会計 ……………………………………（昆　誠一）・99
|Ⅰ| 費用の意味 ………………………………………………………99
|Ⅱ| 費用の認識と測定 ……………………………………………100
|Ⅲ| 費用会計の内容 ………………………………………………103

第4部　新しい会計制度

▶第12章　連 結 会 計
――連結財務諸表の輪郭―― ………………（齋藤　奏）・111
- Ⅰ　連結財務諸表の必要性 ………………………………111
- Ⅱ　連結財務諸表の目的 …………………………………112
- Ⅲ　連結財務諸表の作成方法 ……………………………115
- Ⅳ　全部連結と部分連結 …………………………………118

▶第13章　キャッシュ・フロー会計 ………………（松本　康彦）・119
- Ⅰ　キャッシュ・フロー会計の導入 ……………………119
- Ⅱ　アメリカにおける企業会計の歴史的変遷 …………120
- Ⅲ　アメリカのキャッシュ・フロー計算書以前の
     キャッシュ概念………………………………………121
- Ⅳ　アメリカのキャッシュ・フロー計算書における
     キャッシュの取扱い…………………………………123
- Ⅴ　日本のキャッシュ・フロー計算書における
     キャッシュの範囲……………………………………125

▶第14章　税効果会計 ………………………………（吉田　雅彦）・129
- Ⅰ　税効果会計の導入 ……………………………………129
- Ⅱ　税効果会計の概要 ……………………………………129
- Ⅲ　税効果会計の構造 ……………………………………130
- Ⅳ　個別財務諸表における税効果会計 …………………132
- Ⅴ　連結財務諸表における税効果会計 …………………134
- Ⅵ　税効果会計の課題 ……………………………………136

第15章　時 価 会 計 ……………………（奥積　賢一）・139
- **I** 時価会計の基本的課題 ……………………………………………139
- **II** 金融商品の時価会計 ………………………………………………141
- **III** ヘッジ会計 …………………………………………………………144

第16章　減 損 会 計 ……………………（田中　薫）・149
- **I** 固定資産に係る「減損会計」の導入 ……………………………149
- **II** 「日本版減損会計」………………………………………………150
- **III** 「日本版減損会計」の特徴 ………………………………………152

第17章　退職給付会計 ……………………（奥積　賢一）・159
- **I** 退職給付会計の基本的課題 ………………………………………159
- **II** 退職給付会計の動向 ………………………………………………161
- **III** 日本の退職給付会計 ………………………………………………163

第18章　公　会　計 ……………………（山崎　敦俊）・169
- **I** 公会計の定義 ………………………………………………………169
- **II** 公的会計基準の構造とその内容 …………………………………170
- **III** 公会計における基本的課題 ………………………………………171
- **IV** 公会計改革の動向と今後の方向性 ………………………………172

索　　引 …………………………………………………………………177

第1部

会計学のフレームワーク

第1章

現代企業会計の現状と課題

I わが国企業会計（制度会計）の構造
　　――会計基準の国際化の必要性

(1)　現在，わが国の企業会計，特に「制度会計」領域（企業会計原則（証券取引法会計），商法会計及び税法（税務）会計）では，日本企業の多国籍化，証券市場のグローバル化等の進展に伴い，わが国の会計基準が国際的調和の方向へと進まざるをえない事情を背景として，わが国の会計と商法，税法三者の乖離化または離脱化が不可避の状況にある。そこでは，従来採られてきた会計と商法，税法の三者を可能な限り一致させようとした方策の果たしてきた役割を認めながらも，それら三者の関係が，今後の会計基準の急速な国際化という変化に対応せざるをえない現状にあることが理解される。

　結論的には，わが国において，国内的に会計と商法，税法とを一致させる方向で調整していくという方式（これまでは，商法を中心に，証券取引法及び税法における計算規定の調整が図られ，この3つの法会計制度間の統合が図られているいわゆる「トライアングル体制」による会計制度の運営が図られ，国内的に完成度の高い，安定した会計システムが構築されてきた）から，三者それぞれの計算体系を独立させる方式への転換が必要と考え，現在，商法及び税法の計算規定とは独立して制定されているわが国の会計基準を，喫緊に国際的に調和させる

必要があることが結論される。そこでは，わが国の会計と商法，税法二者との調整の視点を，国内的調整から国際的調和へとその重心を移動する発想の転換が早期に求められていること，が警鐘されるのである。

(2)　さて，証券取引法，商法及び税法における会計基準については，その規定方式は異なるものの，共通しているのは，会計基準への依存ないし尊重に関する「基本規定」(証券取引法193条・財務諸表等規則1条1項「一般に公正妥当と認められる企業会計の基準」規定，商法32条2項「公正ナル会計慣行」斟酌規定，法人税法22条4項「一般に公正妥当と認められる会計処理の基準」規定)を有していることである。ところが依存すべき会計基準は，必ずしも網羅的，体系的に整備されていない。この会計基準の不十分さは，企業が会計処理を税法計算規定に依存する傾向にあるため，税法基準が実質的かつ優勢的な会計基準の役割を果たしているところに大きく影響されている。実務上は，税法の詳細な計算規定の存在が，商法及び証券取引法に基づく会計実務に大きな影響を与え，税法計算規定が会計基準の役割を果たしている面が強い(税法優先の実態)。

　税法の課税所得は，商法を重視し，商法の規定に従って確定した決算に基づいて算定される「確定決算基準」を採っている。すなわち，商法の基本的計算規定と会計基準に基づいて算定された利益を出発点として「申告調整」(税法申告段階における各種調整)がなされ，その結果として課税所得が計算される。形式的には商法が認めた会計基準に従って計算された利益を出発点に課税所得が誘導される形式が採られているのである。しかし，税法においては「損金経理」(法人がその確定した決算において費用又は損失として経理すること)を前提とした損金算入制度が採られているため，税法上の損金を獲得するために会計上も事前に費用として処理しておく必要が生じ，その結果，税法適用以前の会計処理の段階に税法基準が入り込むことになる。そのため，会計実務に対して税法計算規定が強い影響力を与え，税法計算規定が実質的な会計基準として用いられるという問題が生じている(「逆基準性の問題」)。

(3) そして，会計と商法，税法との調整を困難にしている要因には，三者の目的の違いとともに，その対象地域の相違がある。本質的に，近年の会計が国際的であるのに対し，商法及び税法はその適用地域が日本国内に限定されている。最近では，企業活動が国際化し，資金調達がグローバルに行われ，国際的な証券市場の整備が課題とされ，また外国における工場建設等，企業進出が多国籍に行われている。企業がグローバルな投資家を対象に財務報告を行うとすれば，国際的に同質の会計情報が求められるのは当然である。その意味において，資金に関する情報として有用であるはずの会計は，元来，「国際的な性格」をもつ。

それに対し，たとえば税法は，国家権力によって租税収入を確保するためのものであり，その適用範囲は，その国家権力の管轄域内となる。商法も同様である。そのような意味では，商法及び税法は「国内的な性格」をもつ。

企業活動が国内にとどまっている段階と国際的に広がっている場合とでは，会計と商法，税法との調整の問題の発想が異なる。国内的レベルで会計と商法，税法との調整を行うことは，計算基準を一元化する意味においてはその利便性も高く，基準制定・運用のコストも低く，安定した制度運用をもたらす。他方，企業活動がグローバル化し，会計を国際的に調和させようとする場合には，商法，税法との整合性を前提とすることは困難である。会計基準の国際的調和に向けての検討を円滑にするためには，それを会計目的にのみ「純化」して作業する必要があり，商法計算規定，税法計算規定への配慮を最小限にする必要がある。

そのためには，日本においても，国内的に会計と商法，税法とを可及的に一致させる方向で調整するという認識から，三者が相違することを前提として，三者による計算を独立させる方式への発想の転換が必要と考える。そこでは，商法計算規定，税法計算規定とは独立して制定されている日本の会計基準を，まずは国際的に調和させる努力がなされるべきであろう。

II 商法の利益計算原理と利益配当規制
　　——会計と商法の乖離

(1) 現在の経済状況下において会計制度は大きく揺れ動いており，しかもその変化過程は市場経済の変化に共振している。このような市場経済の変化過程を，会計の中心課題である「評価（valuation）」という観点に照らし顧みれば，それは近年において取得原価評価（実物財重視型市場経済における原価・実現アプローチ）から時価評価へと転換した。時価評価の流れは単なる金融商品の一部から全体へと発展し，さらに有形資産全体に及ぶとともに，無形資産にまで拡大し，そして企業が有する全資産を時価評価することにつながっていく。この流れは，いわば「財産目録主義の復活」と特徴づけられ，現在は，まさに中世期における財産目録主義方式が，この新時代に適合した「新財産目録主義方式」へと進展しようとしている，ともいえるのである。

　わが国では，昭和37年の商法改正前までは，会計の目的を財産計算にあるとして，不特定時点のあるいは特定の一時点での財産一覧表に基づいて企業価値を表現しようとした財産目録主義が続いてきた。しかし，次第に損益計算を会計の主題とするようになると，財産変動一覧表が財産目録にとって代わり始め，そして今日，時価主義の台頭によって，将来のストックとしての財産が注目され，将来キャッシュ・フローをもたらす「公正価値」（fair value）を表現する財産目録としての貸借対照表を重視した「新財産目録主義」へと発展した。これまで20世紀における会計の基本構造は，ストック面では取得原価主義が，フロー面では実現主義が採用されてきた。この2つが会計の認識・測定面の両輪となって損益計算の原理，近代会計理論，そして20世紀中盤までの会計理論の骨格を作り上げてきたのである。

　一方，ここ数年の商法改正においては，特に金庫株の解禁や法定準備金の積立て規制緩和等により，商法の計算規定の基本目的が大きく変化してきた。この変化の底流には，企業活動のグローバリゼーションを背景として，国際的に整合性のある会計基準の確立と，商法に対し国内経済の不況の克服策と

しての役割が求められていることがあげられ，ここにおいて商法は，その思想体系が伝統的な「債権者保護機能の達成」から投資家に対する「情報提供機能の充実」へと大きく転換しつつあることが必要とされているのである。

(2)　これまで，わが国の商法の伝統的な理念は債権者保護思考にあるとされてきた。これは，わが国の商法が大陸法系の商法の流れを汲んでいることに由来している。

　一般に，物的会社たる株式会社における貸方持分は，債権者持分と株主持分とに区分される。株主は，自己の意思を株主総会に反映することができるうえ，事業運営の結果に対しては出資額を限度とした有限責任を負担するだけで足りる。一方において，債権者は，株主に比して相対的に弱い立場に立たされている。そのため商法では，その代償措置として債権者保護の基本原則が絶対的・規範的要請として求められることになる。要するに，債権者の保護とは，債権者の持分が適時かつ即時に弁済されることを求めており，その意味において会社に対し担保力の保全が保証されるべき義務となる。債権者にとって会社における唯一の担保は，貸借対照表上の資産である。そして，資産の範囲は換金価値を有する財貨と権利に限定され，そこに付される金額は，決算日現在の時価，特にそれら資産の売却を前提とした売却時価となる。また，このような資産の範囲，評価等を定めても，それらがいつの間にか社外に流出してしまったのでは債権者保護の目的は果たしえない。そこで企業財産の社外流出を防止するために，商法上，配当可能利益の限度額を画定する措置が採られてきた。このようにして，株主権者に認められた有限責任の代償としての債権者保護，そして資産の担保力としての資産の範囲と金額（評価）の決定，さらに資産の流出を防ぐための配当可能利益の限度額の画定，という論理的に整合性のある商法の経理体系が確立したのである。

　ところが，最近の商法改正（国際会計との調和，金銭債権・有価証券に対する時価評価容認，評価益の配当規制創設等）では，債権者保護の目的と並行し，多数の株主が存在する公開会社については，投資家に対する「情報提供機能の

充実」が重要な目的として追加された。その背景として、企業の多角化、国際化、産業構造の変化等の著しい環境変化を受けて、会計制度に時価主義会計や税効果会計などが新たに導入されたことがあげられる。

(3) わが国商法は、株式会社の計算に関し、伝統的に債権者保護の立場から、株主に対する利益配当を規制することを主要な課題としてきたが、このような利益配当規制に関する問題は、商法と会計とが特に密接に交錯する領域に属する問題であり、いわゆる企業会計法の最も中心的な課題の1つである。

商法においてこの配当規制を直接示した、依然として「貸借対照表」をその出発点としてその計算を行うことを要請する条文は、「利益配当」の要件を定めた290条1項である。この条文は、利益の配当は、貸借対照表上の「純資産額」を基礎とし、そこから資本の額及び法定準備金の合計額等を控除した額を限度としてこれを行うことができると規定し、いわゆる配当可能利益の限度額を定めたものである。その意味において、これは配当規制の直接的かつ集約的な表現であるということができる。しかし、この規定はそれ自身完結的なものではなく、そこにいう純資産額の内容、すなわち純資産を構成する資産及び負債項目の範囲（貸借対照表能力問題）とそれらに付すべき価額（評価問題）及びそれから控除されるべき項目ないし金額としての資本金・法定準備金などの項目については、これを他の諸規定（商法施行規則等）に依存している。また、商法32条2項の斟酌規定は、これらの諸規定を含む商業帳簿の作成に関する規定の解釈について、「公正ナル会計慣行」を考慮に入れるべきことを要求している。したがって、商法の株式会社に関する計算規定は、利益配当に関する290条1項の規定を頂点とし、他の諸規定はそれに従属しそれに含まれるものとして位置づけられ、その全体を配当規制の体系として捉えることができる。

商法290条1項の規定は、配当可能利益の限度額の計算に際して、特に貸借対照表上の純資産額から出発し、それから資本の額及び法定準備金の合計額等の債権者に対する担保として維持すべき金額（資本維持額つまり配当不能

金額）を控除すべきことを要求している。そのことは，とりもなおさず現行商法が配当可能利益の算定に関し，特に債権者保護のための資本維持の原則を前提としたいわゆる「財産法方式」を採用していることを示すものにほかならない。商法の配当規制が採用する財産法方式によれば，配当可能利益限度額は，純資産額を所与のものとして，そこから配当不能の項目を控除して求められる。そこにおいて資産の額は，負債と資本の額がマイナスの要素であるのに対して，唯一のプラス要素である。したがって，資産の貸借対照表能力と評価の問題が，配当可能利益限度額算定においては最重要課題とされる。ここにおいて商法は，会計における急激な変化に商法が柔軟かつ即座に対応できるようにするために，資産評価規定等を商法の本文から除外し，新たに「商法施行規則」（平成14年3月29日法務省令第22号）として法務省令に委ねることとした。

　平成13年改正商法は，資本剰余金の定義を侵食（自己株式の取得・保有の自由化，株式の無額面化，資本準備金の配当財源化及び法定準備金の意義の希薄化等）して，会計との共通認識であったはずの「資本・利益区別の原則」（資本維持原則）との決別を図り，かつ「公正ナル会計慣行」の斟酌規定（商法32条2項）の理念（会計における諸規定の重視・依存）を放逐し，その条文の存在意義を空文化するかのように，自らの中にその計算実体規定を定めることを選択したこと（「商法施行規則」の制定）などにより，ついに積年にわたる両者の調整の関係に楔（くさび）を打ち込んだ。ここに，われわれは，永年にわたる商法と会計の調整作業のおわり（終焉）のはじまりを見出し，商法自らの変容とその会計からの離脱，すなわち商法の，会計には相容れないとする強烈な姿勢を認識するとともに，両者の調整の限界を感じるのである。

Ⅲ　税法の所得計算原理と税効果会計の制度化
——会計と税法の乖離

(1)　法人税法22条の規定は，法人税法全条文の中において最も基本となる条文

である。同条は，課税所得金額の計算の基本規定として存在し，税法中の他の規定はいずれも同条の「別段の定め」として体系づけられている。特に，同条の4項こそ税法的解釈と会計的解釈との相剋がみられる場所である。それは税法規定と会計との直接の接点を示している。極論すれば，税法は会計を抜きにしては成立しえないともいえる。そこに示された「一般に公正妥当と認められる会計処理の基準」（以下，「公正会計基準」という）の解釈をめぐっては諸説が存在する。

　法人税法は，「内国法人に対して課する各事業年度の所得に対する法人税の課税標準は，各事業年度の所得の金額とする。」旨（法人税法21条）の規定を受けて，同22条は，その1項に「内国法人の各事業年度の所得の金額は，当該事業年度の益金の額から当該事業年度の損金の額を控除した金額とする。」と規定している。また，同条2項においては，課税所得金額の計算上いかなるものが当該事業年度の「益金の額」に算入されるべきかを規定し，同条3項においては，当該事業年度の「損金の額」に算入されるべき金額についての規定を設けている。

　これらの規定が，法人税の課税標準たる課税所得の計算に関する基本構造を構成するものである。ところが，ここに示すように，税法においてはただ単に課税所得の金額を益金の額及び損金の額から算出する旨の計算原理を指示しているにすぎず，そこには，課税所得についての概念を明らかにしている規定は存在しない。また，益金及び損金についても同様に，税法はその定義を明らかにしていない。そこで，課税所得の計算において最初に基本となる問題は，その課税所得を構成する「益金の定義」及び「損金の定義」を明確にすることであり，次いでそれらの定義によって，それらを構成要素とする「課税所得概念」を明らかにすることである。

　法人税の課税標準たる各事業年度の所得の金額は，税法固有の概念である益金の額と損金の額によって計算され，そしてまたそれらの益金の額及び損金の額は，別段の定めがあるものを除き，会計上の概念である収益の額と費用の額によって計算され，さらにそれらの収益の額及び費用の額は「公正会

計基準」に従って計算される。結局のところ，課税所得の金額は，「公正会計基準」の本質に依存する構造を税法は採用しているものと解される。したがって，「公正会計基準」の本質を明らかにすることによって，究極的には法人税法が目的とする課税所得の金額が導き出せる。ここにおいて，税法における課税所得金額の計算構造は，会計固有の領域に支えられて成立しているものであることが理解されるのである。そこでは，税法はその課税標準たる各事業年度の所得の金額を計算するための体系として，税法中の規定だけによってそれを行うといった「自己完結」型を採るのではなく，「会計依存」型の体系を採用しているものであることが理解されるのである。

(2) 税法では，内国法人は，各事業年度終了の日の翌日から2か月以内に，「確定した決算」に基づき課税所得の金額及びそれに係る税額等を記載した法人税申告書を税務署長に提出しなければならない。」と規定している。この「確定した決算」に基づく申告とは，課税所得の計算は，法人の確定した決算における企業利益を基礎として，いい換えれば確定した決算による法人の意思表示を重視して，これに税法上所要の調整を加えて行うものであることを明示した課税所得計算の基本的枠組みを意図している。その際，「確定した決算」とは，商法上の決算である株主総会の承認又は総社員の同意を得たものをいう。

この法人税法74条1項の規定を，「確定決算基準の原則」と呼んでいる。確定決算基準の原則は，会計上の諸取引のうち，企業外部との客観的事実に基づいて行われた取引ではなく，もっぱら企業内の意思決定のみによって決まる償却計算，引当金設定等の内部取引に対してのみ作用するものであり，その取引について，税法的判断に基づき，税法が企業の自主的経理を容認するものという論理をもつ。

確定決算そのものは，基本的には商法上の制度であり，税法がそれを基準として課税所得計算の出発点とすることは，税法が商法にその計算論理の多くを依存しているということができる。ところが，確定決算基準については，

いわゆる「逆基準性」の問題の存在が指摘されている。これは、商法確定決算段階以前への税法基準の不当な介入を意味し、確定決算を境界として、それ以前の商法・会計による企業利益の計算構造及びその後の税法固有の論理による課税所得への修正計算構造という両者が相互不可侵であるはずの重層的構造の否認（歪み）を意味している。結局のところ、商法確定決算段階までの企業経理の自主性の容認とその後の変更を禁じることを内容とした確定決算基準の原則を、税法が採用し、継続している根拠として考えられるのは、「課税の安定性」や「課税所得算定の便宜性」の確保というきわめて技術的な論理に行きつくほかにない。すなわち、税法上の諸要請によって会計上の処理に規制が加えられる場合に、これを確定決算段階に織り込むことにより会計上の処理と税法上の処理が一致することになるから、会計上の財務諸表のほかに税務貸借対照表及び税務損益計算書を作成する手数が省略され、課税庁及び納税者ともに便宜であるからである。それは理論性を重視したというよりも、技術的かつ政策的に支持されたものであり、所詮は、税法と商法、会計の妥協の産物として理解することが相当である。このように、わが国法人税法は「ドイツ型」の構造（「確定決算基準」）と「アメリカ型」の包括規定（「公正会計基準」規定）との両者を内在したきわめて複雑な仕組みを擁しているのである。

(3) このように、税法における「確定決算基準」の存在意義は、確定決算を境界にして会計と税法の峻別と独立を図ることにあり、両者はそれを境に相互にその計算の論理を確立し、影響を及ぼさず、各々独立してその計算目的を達する、ということに求められる。近年、わが国の会計制度においてそれをさらに助長かつ確立するかのような制度が導入された。それが、「税効果会計」制度である。

現在、わが国の制度会計上、税引後利益は、会計によって算出された税引前利益から税法に従って算出された法人税等を差し引いた額となっている。したがって、会計上の損益認識と税法上の損益認識との間に相違（差異）が

生じる場合には，税引前利益と税引後利益との対応関係が崩れ，税引後利益の段階では会計の考え方を貫けないことになる。会計と税法とではそれぞれの目的が異なっているため，両者の損益認識基準の間に「ズレ」が生じてしまうことも多々ある。こうした事態に対し，税法に従って算出された法人税額を会計の目的に則して計算し直すことによって，会計の目的にかなった税引後利益を算出する技法が求められる。

　税法上の損金は，会計上の費用とは必ずしも一致しない。たとえば，会計上，「役員報酬等」や「交際費等」はその全額が当然に費用となるにもかかわらず，税法上それには一定の損金算入限度額が設けられている。ただし，このような費用等についての損金算入限度「超過額」については，税法上，将来においても永久に損金に算入することは認められないから（永久差異），税効果会計の問題は生じない。一方，税法上は一時的には損金算入が認められないが，将来は損金算入が認められるという費用がある。この費用と損金の差異を「一時的差異」（期間差異）という。税効果会計が関係するのはこの一時的差異に関してである。「一時的差異」は，将来いずれ損金として認められる単なる損金計上のタイミングのズレであり，将来税金が調整されるならば，会計上は期間損益をより正確に公表するために，会計上はその期に実際に支払う税額に影響されない財務諸表を作成し，税引後利益を計算しなければならない。理論的に税引後利益を計算しても，一時的差異が消滅するまでの各年度の税引後利益を通算すれば同じとなるので税額調整を行うのである。そして，そのように計算された調整額を，将来税金が払い戻される権利として「繰延税金資産」として資産（借方）計上し，同額を自己資本（貸方）に繰り入れる。このような会計の考え方に従って法人税を期間配分する処理手法を，「税効果会計」と呼ぶ。

(4)　昨今におけるような日本企業のグローバル化と会計基準の国際化，そして日本会計基準の国際的調和のためには，国内における税法との関係を自由化することが必要であると考えられている。その手法として，会計では「税効果会計」を編み出したが，税法においては，税法における「確定決算基準に

おける損金経理方式」から,「課税所得計算を独自に行う方式」に移行することが妥当と考えられる。

これまで,税法が会計を実質的に規制する手法としては,会計における「損金経理」を条件として税法上の損金算入を認めるという「損金経理方式」がある。税法がこの「確定決算基準における損金経理方式」を採っているのは,企業が会計処理(特に内部取引の会計処理)につき意思を明確にした方法に基づくことによって,課税所得計算を確実にするという利点があったからである。すなわち,この方式は,会計処理について企業の意思を明確にするという点において,すぐれて課税の安定性をもたらす。しかし,国際化が急速に進む今日においては,国際的調和の中で国内的調整を図る視点が必要であり,会計基準の国際的調和が日本企業のグローバルな経営展開に不可欠になっている。そして,それが国際的な証券市場において有利な資金調達を行うために必要であるとするならば,会計基準の国内における税法との調整方式は,国際的調和化を可能にする方向で再検討される必要がある。そのためには,国内における税法の確定決算基準における損金経理方式に基づく規制方式から,「税法計算基準と会計基準の独立による自由化の方向」への移行が必至である,と考えられる。問題は,それぞれの自由化により税法独自の計算実体規定が増加して,従来からの税制簡素化・会計依存の理念が放棄され,企業の会計処理負担が過重になること,ひいては税法上の会計包括規定(「公正会計基準」規定,法人税法22条4項)の存在が無用化することが予想されることである。

今日では,従来型の「確定決算基準における損金経理方式」に拠るか,日本会計基準の国際的調和から必要とされる「税法計算基準の自由化」に移行するのか,のいずれかの選択が迫られている。具体的に課税所得と会計利益の算定を分離独立して行う仕組みとしては,①「全範囲・全項目申告調整方式」(会計利益に対して無制限に申告調整(税法的修正)を可能にするもの),②「税務財務諸表方式」(会計上の貸借対照表,損益計算書を税務目的に組み替えて別に税法専用財務諸表を作成するもの。確定決算に基づく申告調整及び損金経理要件等の経

理要件を全廃し,会計と税法を完全に分離する方式である)の2つが考えられるが,いずれの方式に拠ることにしても,わが国が確定決算基準における損金経理方式から課税所得独自算定方式へ移行すれば,当然,会計処理と税法計算処理とが異なる項目が増加し,税引前会計利益と課税所得との差異が拡大することになる。その結果,両者の差異は当然のものとして認識され,それを調整するために,会計では前述した税効果会計を適用することが重要となる。その意味では,税効果会計は,単なる税金配分のための会計的技術にとどまらず,表面的には法人税等の会計処理をより精緻化し,その情報開示を進めるものであると同時に,その内面は税法計算基準の自由化を実現させ,ひいては日本会計基準の国際化を助勢する効果を持つものとして期待されるのである。

　一方,平成14年度税制改正において,わが国法人税法に登場した「連結納税制度」では,その基礎となる個別会社の課税所得計算原理と会計の利益計算原理との間には,企業集団(連結グループ)内における内部取引の貸借対照表項目の調整や損益の通算及びそれによって生じた未実現損益の取扱いなどの期間差異項目・恒久差異項目の両面にわたって多くの乖離が存在しているのが現実であり,これまでの確定決算基準を連結点とした課税所得計算と会計利益計算を一体のものとする計算構造を採用することには合理性がなくなっている。したがって,現在では連結納税制度を採用する企業集団においては,税法上,必然的に個別会社(単体納税制度)の会計とは分離された「連結税務財務諸表」の作成が不可欠になっており,その意味では,連結納税制度においては税法計算基準の自由化は先行,確立,制度化している。

(田中　久夫)

第2章

会 計 原 則

Ⅰ 会計原則の形成と構造

　企業会計の役割は，企業の資本及び利益を正確に測定し，もって企業の財政状態および経営成績を明らかにし，利害関係者の意思決定に役立つ財務諸表を提供することである。

　また，会計原則が社会的に要請されるに至った理由は，「企業の発展・変化つまり固定資本の巨大化を背景とする大規模経営の出現と，そのような大規模経営を可能にするために資本調達の方法として株式制度が導入されるにいたったことである」[1]といわれる。

　特にアメリカにおいては，1929年のニューヨーク証券取引所の株価の大暴落に始まる経済恐慌によって，多数の一般投資家が甚大な損害を被った。この大恐慌を経験したアメリカは，企業会計の論理的構造の基盤となる普遍的な会計原則の必要性を痛感したのである。

　このような社会的要請を受けて，サンダース，ハットフィールド，ムーアの3人の学者による，「S－H－M会計原則」と呼ばれるものが編成された（Sanders, Hatfield and Moore, A statement of Accounting Principles, 1938）。

　S－H－M会計原則は，現に行われている実務の中から公正妥当な会計慣行をまとめたものであり，わが国の「企業会計原則」のモデルになったものであ

る。

さて、会計原則の構造を分析してみると、次のように示すことができる。

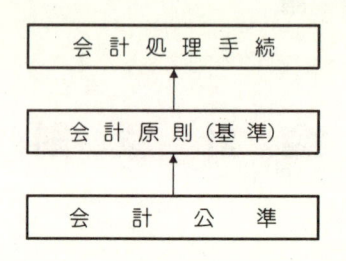

```
┌─────────────┐
│ 会 計 処 理 手 続 │
└─────────────┘
       ↑
┌─────────────┐
│ 会 計 原 則 (基 準) │
└─────────────┘
       ↑
┌─────────────┐
│ 会  計  公  準 │
└─────────────┘
```

たとえば、棚卸資産の費用配分について考えてみよう。適正な期間損益計算を行うためには、棚卸資産の取得原価を集計し、これを個別法、先入先出法、後入先出法、総平均法等の会計処理手続によって、当期の費用と次期以降の費用とに配分しなければならない。これを費用配分の原則（原価配分の原則）という。この費用配分の原則という会計原則は、さらに「企業は半永久的に継続する」という継続企業の公準から導き出される。

すなわち、会計公準から会計原則を直接的に導き出し、さらに会計原則から会計処理手続を導き出すものと考えられる。

このように会計公準は、会計が成立するための構造基盤であり、会計原則形成の基礎となるものと位置づけることができる。

一般的に広く容認されている会計公準としては、1. 企業実体の公準、2. 継続企業の公準、3. 貨幣評価の公準の3つをあげることができる。

II 会 計 公 準

1. 企業実体の公準

企業実体の公準とは、会計計算の範囲を限定するものであり、所有と経営の分離のもとに、所有主という個人単位ではなく、企業単位で「その企業」の資産、負債及び資本を計算するという前提である。

すなわち、会計においては企業そのものの存在を前提にしなければ「資産＝

負債＋資本」という基本等式自体が成立しないことになってしまう。

　企業実体には法的実体と経済的実体という2つの考え方がある。法的実体とは法人格による分類であり，経済的実体とは法人格が異なる複数の企業が，資金，人事等の経済的見地からすれば同一とみなされる企業集団別の分類である。法的実体別に作成される財務諸表が個別財務諸表であり，経済的実体別に作成される財務諸表が連結財務諸表である。

　なお，広瀬義州教授によれば「企業実体という場合，従来は法的実体を指すことが多かったが，……企業の多角化・集団化・国際化などの進展に伴い，企業実体といえば最近では経済的実体を指すといってよい」[2]と述べられている。

2．継続企業の公準

　継続企業の公準とは，企業が解散や倒産などを予定することなく，経済活動が半永久的に営まれるという前提である。その結果企業の経済活動を人為的に期間（通常1年）を区切って計算せざるをえない。

　すなわち企業会計では，企業の財政状態及び経営成績を把握する必要性から一定時点での財産計算を行い，一定期間での損益計算を行うのである。そのために会計上さまざまな会計処理手続，会計原則が必要不可欠なものとして要請されるのである。

　たとえば取得原価主義が採用されるのも，実現主義，発生主義，費用配分の原則が採用されるのも，すべて継続企業の公準が前提となるのである。もし，会計が継続企業を前提としないなら時価主義会計の方が合理的であるし，経営者が予見計算における困難な判断をする必要もないのである。

3．貨幣評価の公準

　貨幣評価の公準とは，企業の経済活動を把握する際に，会計計算は物量数字ではなく貨幣額によって測定しなければならないという前提である。企業の経済活動は成果をめざす人間の経営努力そのものであり，その経営努力のエネルギーを数字で表すことはほとんど不可能に近く，またg（グラム），m（メート

ル），ℓ（リットル）などの物量単位もあるが，共通尺度としては貨幣額以外にはなく，貨幣額をもって測定できない経済活動は企業会計の対象とはならないのである。

　貨幣評価の公準で問題となるのは，この公準が貨幣価値の安定性を含むかどうかということである。この点については意見の分かれるところであるが，貨幣評価の公準はあくまでも貨幣額による測定を意味しているにすぎず，貨幣価値の安定性とは別概念であるという意見もある。

　以上3つの会計公準について述べてきたが，これらの公準を土台として企業会計の会計処理にあたって一般に準拠しなければならない会計原則が成り立っている。

III　企業会計原則の一般原則

1．企業会計原則の性格と構造

　わが国の企業会計原則は1949年7月の設定時の前文において「企業会計原則は，企業会計の実務の中に慣習として発達したもののなかから，一般に公正妥当と認められたところを要約したものであって，必ずしも法令によって強制されないでも，すべての企業がその会計を処理するに当って従わなければならない基準である」と明言されている。すなわち企業会計原則は会計実務の一般的慣行の所産として成立し発展してきたものを明文化したものである。そしてその性格は「法律ではないが，法的確信に裏付けられた強制力を有する，慣習規範として性格づけられるもの」[3]であるといえる。

　さて，わが国の企業会計原則は一般原則，損益計算書原則，貸借対照表原則の3つから構成されている。そのうち一般原則は7つの原則から成っている。すなわち，(1)真実性の原則，(2)正規の簿記の原則，(3)資本と利益区別の原則，(4)明瞭性の原則，(5)継続性の原則，(6)保守主義の原則，(7)単一性の原則である。

　なお，一般原則の文言はすべて「……しなければならない」又は「……して

はならない」と表現されており，きわめて規範的な性格をもっているといえる。しかもその内容は，損益計算書原則と貸借対照表原則とにまたがる共通の原則であり，これら2つの原則の上位に置かれている原則であるとみるべきである。

2．一般原則
(1) 真実性の原則
　真実性の原則は一般原則の第1として「企業会計は，企業の財政状態及び経営成績に関して，真実な報告を提供するものでなければならない」ことを要請している。この原則は他の一般原則を含めて，企業会計原則の上位にある包括的な基本原則である。

　さて，ここで「真実な報告」とは何を意味するのか。企業会計は棚卸資産，固定資産の評価にしても，収益・費用の認識にしても，経営者の主観的判断が介入するのであるから客観的に絶対的真実性を保証することはほとんど不可能に近い。さらに企業会計の役割は，企業の財政状態及び経営成績を明らかにし，利害関係者の意思決定に有用な財務諸表を提供することであるとするならば，利害関係者の関心内容によって会計情報の内容が変化する関係にあり，その「真実な報告」はきわめて相対的なものとならざるをえない。なぜなら利害関係者の関心内容は社会的経済的諸条件の変化によって推移するからである。

　つまり真実性の原則の真実性とは，絶対的真実ではなく，相対的真実を意味し，そしてその相対的真実とは，他の6つの一般原則と損益計算書原則及び貸借対照表原則が守られている場合に，その財務諸表は真実だと解するのである。

(2) 正規の簿記の原則
　正規の簿記の原則は一般原則の第2として「企業会計は，すべての取引につき，正規の簿記の原則に従って，正確な会計帳簿を作成しなければならない」ことを要請している。この原則は一会計期間に発生したすべての取引（網羅性）を証拠資料（検証可能性）に基づいて会計帳簿に記録し，その会計帳簿から誘導的に財務諸表を作成することを要求しているものである。

　このように正規の簿記の原則は，網羅性，検証可能性を具備することを要件

とするが，その要件を満足させるには複式簿記によることとなる。

また，この原則は上述したとおり網羅性を要求しているので簿外資産・簿外負債（オフ・バランス）が生じることはない。しかし，たとえば事務用消耗品などの貯蔵品は資産であるが，これを購入時に事務用品費として処理すれば簿外資産が生じることとなる。そこで注解〔注1〕の重要性の原則は「本来の厳密な会計処理によらないで他の簡便な方法によることも正規の簿記の原則に従った処理として認められる」としている。

(3) 資本取引・損益取引区別の原則

資本取引・損益取引区別の原則は一般原則の第3として「資本取引と損益取引とを明瞭に区別し，特に資本剰余金と利益剰余金とを混同してはならない」ことを要請している。資本と利益の区別あるいは資本取引と損益取引の区別の必要性は，企業会計本来の目的である企業の財政状態及び経営成績の適正表示を可能にする原則であり，単に一般原則の1つにとどまらず，企業会計の中枢をなす基本的な要請である。より具体的に述べると，一会計期間における損益取引から生じた収益・費用と，資本取引から生じた資本金及び資本剰余金の増減分を区別することによって適正な期間損益計算が保証されることになる。

また，この原則は資本維持拘束性の機能を有する。すなわち，資本取引と損益取引を区別することにより，その結果生じた資本金及び資本剰余金と利益剰余金は源泉別に区別される。利益剰余金は本質的に分配可能利益を構成するのに対し，資本剰余金は企業内に拘束され資本金とともに，資本の維持が達成されることになる。

ところで資本取引と損益取引の内容については，必ずしも明確でない場合が多く，議論の分かれるところであるが，中村忠教授によれば「資本取引とは，株主その他による資本拠出および払戻し取引ならびに資本修正取引をいい，損益取引とは，それ以外の原因にもとづく資本（純資産）の増減をもたらす取引のうち利益処分およびその修正取引を除いたものをいう」[4]と定義されている。

なお，平成13年6月の商法改正において貸借対照表の資本の部の表示に関する大幅な改正が行われたことにより，会計学上の中心課題である「資本と利益

の峻別」をめぐって，現在，混乱がみられることを付け加えておく。

(4) 明瞭性の原則

明瞭性の原則は，一般原則の第4として「企業会計は，財務諸表によって，利害関係者に対し必要な会計事実を明瞭に表示し，企業の状況に関する判断を誤らせないようにしなければならない」ことを要請している。この原則は財務諸表の記載方法，適正表示に関する包括的な基本原則であり，また，明瞭性を具備した財務諸表が利害関係者に対して，企業の財政状態や経営成績の情報を適正に提供することができるのである。

それでは，明瞭性とはどのような意味を有するのか。それには詳細性と概観性という2つの考え方がある。詳細性とは，会計事実をもれなく詳細に表示することであり，概観性とは，会計事実をある程度要約してわかりやすく表示することである。この2つの考え方は相反して対立するが，詳細性と概観性が合理的に調和した記載表示方法が会計上の「明瞭性」を意味するものと考える。

わが国の「企業会計原則」においても明瞭性は当然に要求される。総額主義（損益計算書原則一B，貸借対照表原則一B），区分計算（損益計算書原則二，貸借対照表原則二），貸借対照表における項目の配列（貸借対照表原則三）などである。さらに重要性の原則において述べられている「重要な会計方針」や「重要な後発事象」なども明瞭性の原則と深くかかわる財務諸表の記載・表示方法に関する具体的例示である（後述の重要性の原則参照）。

(5) 継続性の原則

継続性の原則は，一般原則の第5として「企業会計は，その処理の原則及び手続を毎期継続して適用し，みだりにこれを変更してはならない」ことを要請している。この原則は1つの会計事実について，2つ以上の会計処理の原則または手続の選択適用が認められている場合に，その企業にとって，最も適切であると思われる会計処理の原則または手続を選択したならば，それを毎期継続して適用することを意味するが，その目的は財務諸表の期間比較可能性の確保と経営者の利益操作の排除にある。

まず，財務諸表の期間比較可能性に関しては，企業が選択した会計処理の原

則または手続を毎期継続して適用しないときは，同一の会計事実について異なる利益額が算出されることとなり，利害関係者に対し，有用な情報を提供することが不可能になってしまう。なぜなら財務諸表は期間比較することによって企業の動向を把握できるものでなければならないからである。

　また，企業会計は期間損益計算を行うため，どうしても見積・予見計算は避けられない。そこに経営者の利益隠し，利益出しの恣意性が介入する余地が存在する。そこで企業会計では，会計の真実性を確保するため，かかる利益操作が不可能になるような制約が必要となるのである。すなわち，継続性の原則の必要性が認識されるのである。また，企業会計原則の注解〔注3〕の後段において「いったん採用した会計処理の原則又は手続は，正当な理由により変更を行う場合を除き，財務諸表を作成する各時期を通じて適用しなければならない。なお，正当な理由によって，会計処理の原則又は手続に重要な変更を加えたときは，これを当該財務諸表に注記しなければならない」として，利益操作を排除するため注記を要請している。

　なお，上記の正当な理由とはいかなる場合をいうのかについては，多種多様の見解が存在しており，実際の適用にあたっての判断は非常にむずかしい。

(6) 保守主義の原則

　保守主義の原則は一般原則の第6として「企業の財政に不利な影響を及ぼす可能性がある場合には，これに備えて適当に健全な会計処理をしなければならない」ことを要請している。保守主義の原則は「安全性の原則」又は「健全性の原則」とも呼ばれ，イギリスの伝統的な会計思考に由来している。

　本来，保守主義とは安全な側にありたいとする人間の行為全般にわたる思考であり，人間の集団である企業においても財務の健全性を確保するため，楽観的な判断よりも慎重な判断が要請される原則である。そしてそれは，制度会計の期間損益計算構造に組み込まれた保守主義であり，具体的には，実現主義による収益の認識・測定，発生主義及び原価主義に基づく費用の認識・測定によって未実現利益排除を指向し，もって分配可能利益計算を可能ならしむる，会計理論上最も広い意味での保守主義であると考える。

次に，会計処理方法の判断基準として発現する保守主義は，会計処理の選択において経営者が考慮しなければならない保守主義であり，一般原則における保守主義と解すべきではない。なぜなら，会計処理の選択における判断基準として保守主義の原則を解することは一般原則において利益操作を可能ならしめる結果となり，不合理であるからである。

次に，リスクと不確実性が内在する予見計算において発現する保守主義は，企業の継続的経営活動を人為的に一定期間に区分して損益計算を行う財務諸表の質的特性にかかわるものであり，信頼性・適正性・整合性をもつ範囲内で，相対的真実性を保証するものである。一般原則としての保守主義の原則をこのように解することにより，保守主義の原則は依然として一般原則としての存在意義を有するものと考える。

(7) 単一性の原則

単一性の原則は一般原則の第7として「株主総会提出のため，信用目的のため，租税目的のため等種々の目的のために異なる形式の財務諸表を作成する必要がある場合，それらの内容は，信頼しうる会計記録に基づいて作成されたものであって，政策の考慮のために事実の真実な表示をゆがめてはならない」ことを要請している。この原則は，二重帳簿の作成を禁止する原則である。すなわち，内容の単一性を要求するものであり，目的の相違による形式の多様性を認めるものである。

具体的には，財務諸表の資産合計額，負債合計額，資本合計額，収益合計額，費用合計額は同一でなければならないが，配列方法，区分方法等は，その目的により異なる形式を認めるものである。

しかしながら，この原則の文言のうち「信頼しうる会計記録に基づいて作成されたもの」とは，正規の簿記の原則において要請されており，また「政策の考慮のため事実の真実な表示をゆがめてはならない」とは，真実性の原則の要請するところであるので，この原則を一般原則の1つとして定める意義は薄いのではないかと思われる。

(8) 重要性の原則

　重要性の原則は，わが国の会計原則では一般原則としては掲げられていないが，「注解」において示されており，記録，処理，表示，報告という会計行為全般に及ぶ重要な原則である。

　重要性の原則には科目の重要性と金額の重要性の2つが考えられる。一般的には，科目は重要であるが金額が重要でない場合は，独立した科目表示を必要としないが，科目は重要でないが金額が重要である場合は独立した科目で表示すべきとされ，金額の重要性の方が優先されるのである。

　また，重要性の原則は前述した(2)正規の簿記の原則や(4)明瞭性の原則と関連する原則である。すなわち，会計処理に関する重要性については，正規の簿記の原則に含まれ，表示に関する重要性については明瞭性の原則に含まれると解される。明瞭性の原則に含まれる重要性についての典型的な例としては，会計方針の開示と後発事象の開示がある。

　会計方針とは，企業が損益計算書及び貸借対照表の作成にあたって採用した，会計処理の原則及び手続並びに表示の方法をいう。また，後発事象とは，貸借対照表日後に発生した事象で，次期以後の財政状態及び経営成績に影響を及ぼすものをいう。

注

1) 山桝忠恕・嶋村剛雄共著『体系財務諸表論〔理論篇〕（2訂版）』税務経理協会，1982年，p.64。
2) 広瀬義州『財務会計（第2版）』中央経済社，2000年，p.21。
3) 広瀬義州，前掲書，p.94。
4) 中村　忠『新稿現代会計学（4訂版）』白桃書房，2000年，p.202。

（武田　光正）

第3章

商 法 会 計

I 商法会計における基本目的

1．商法計算目的の変遷

　商法においてその計算規定が基本目的とするところは，企業の取引関係者の保護ないし利害調和をはかることにあり，会社の計算規定については，株主あるいは出資者の有限責任制度との関連において，債権者保護が重視される。したがって資本の維持がその計算原理とされ，計算規定の体系は，株主に対する配当可能利益の計算規定を中心とする。

　一方，企業会計原則の計算基本目的はいわゆる適正な期間損益計算であり，そこでは投資者一般を中心とした利害関係者に有用な会計情報を提供するために，継続企業の収益力表示が重視される。

　商法会計においては，維持されるべき株主出資額に見合う純資産は，資産及び負債についてどのような計上原則ないし評価原則を適用するかによってその価額が異なることとなる。債権者保護の見地からは，単純に支払債務を充足する財産価値のあるもの，つまり換金価値で評価することが合理的である。

　しかし今日では，債権者保護の観点から投資家に対する有用な投資情報提供の役割を果たす観点への重要性の移行，企業活動の国際化を背景とし国際会計基準への整合性や，国内経済の不況の克服策としての役割が求められている。

そのような大きな環境変化の中において，商法の計算規定は，資本の維持を基本目的としながらも適正な期間損益計算を一部取り入れるものとなってきている。

2．商法会計規定の概要

商法会計規定等の概要は，「商法」・「商法施行規則」・「商法特例法」から構成される。「商法」においては，商人一般についての商業帳簿作成に関する基本規定及び株式会社の計算書類記載内容に関する実質規定（会社法のうち会社の計算の規定）がある。「商法施行規則」は，法令等の委任に基づく事項を定めた規則である。「商法特例法」は，大会社等及び小会社に関する特例規定がある。

商法では，第1編「総則」の中の第5章「商業帳簿」及び第2編「会社」における第4章「株式会社」の中の第4節「会社の計算」（商法281条～295条）において計算規定が設けられており，すべての商人を規制する法律である。ただし，財産の僅少な小商人については，「商業帳簿」の規定適用から除かれる。

会社の計算の主要規定を一覧で示せば次のとおりである。

○　計算書類の作成義務，取締役会承認，監査役の規定（商法281条）
○　監査報告書の記載規定（商法282条）
○　計算書類の定時総会報告承認規定（商法283条）
○　資本金の規定（商法284条ノ2）
○　法定準備金の規定（商法288条～289条）
○　配当可能利益等の規定（商法290条～293条）
○　資本準備金等の資本組入規定（商法293条ノ2～293条ノ3）
○　中間配当の規定（商法293条ノ5）

II　商法平成14年改正

商法は，当初1890年（明治23年）に制定され，その後1899年（明治32年）に改正商法として公布されて以来，幾多の改正を経て今日に至っている。商法関連

規定における改正では平成14年における改正が最も大規模なものである。その主な改正項目は，商法の計算規定の改正，商法特例法における連結財務諸表の導入などがある。

(1) 計算規定の省令委任

改正により「商法施行規則」が制定され，株式会社の計算規定が省令へ委任された。会計帳簿に記載又は記録すべき財産については，商法34条の規定にかかわらず法務省令によりその価額を付さなければならないのである(商法285条)。

すなわち，これまでは「株式会社の貸借対照表，損益計算書，営業報告書及び附属明細書に関する規則」(いわゆる「計算書類規則」)が役割を担ってきた部分を，商法本文より切り離し，法務省令に委任する形で「商法施行規則」が公布・施行されたものである。

(2) 配当可能限度額等の規定改正

計算規定の改正は，会社の配当規制としての配当可能限度額及び中間配当可能限度額の算定に関する規定についても及んでいる。旧法では，利益配当の限度額について，繰延資産のうちの特定の項目(開業準備費並びに試験研究費)が準備金の合計額を超える場合のその超過額，及び資産につき時価評価した場合の時価評価により増加した純資産額は，貸借対照表上の純資産額から控除すべき旨が規定されているが，これらの規定を削除してこれらに関する事項は法務省令にて定めるものとしたのである。

(3) 大会社を対象とした連結財務諸表の導入

また今回の改正により，商法特例法上の大会社に連結計算書類の作成を義務づけたのである。これと関連させて，監査役及び会計監査人にその連結計算書類の監査をさせ，さらに連結子会社等の調査権を与え，監査報告書を作成させる義務を課すこととなったのである。従来から商法に連結財務諸表を導入すべきとの要請が強くなされていたが，連結計算書類を商法上の書類とすることをはじめて明文の規定で定めたのである。

第1部　会計学のフレームワーク

III　商法施行規則の特徴

1．商法施行規則の特徴

　商法施行規則では，商法，商法中改正法律施行法，有限会社法，商法特例法並びに商法及び有限会社法の関係規定に基づく電磁的方法による情報の提供等に関する承諾の手続等を定める政令の委任に基づく事項を定めることを目的として規定している。

　なかでもその特質を表す「資本の部」について主眼を置くと，「資本の部」の分類は，基本的には取引源泉の視点から「資本と利益の峻別」という会計学上の基本原則に基づく分類としての内容をもち，旧規定での配当規制の制約から解放され，情報開示機能の改善に資することが期待される。

2．「自己株式」及び「資本の部」の変遷と表示

　平成14年2月21日において，企業会計基準委員会は，企業会計基準第1号「自己株式及び法定準備金の取崩等に関する会計基準（自己株式等会計基準）」，企業会計基準適用指針第2号「自己株式及び法定準備金の取崩等に関する会計基準適用指針（適用指針2号）」，企業会計基準適用指針第3号「その他資本剰余金の処分による配当を受けた株主の会計処理（適用指針3号）」を公表し，これが商法上の会計処理に対しても大きな影響を与えることとなったのである。

　自己株式等会計基準を受けて，従来の計算書類規則は，以下のように改正施行される。

　貸借対照表の「資本の部」は，商法施行規則88条から91条において規定している。

　「資本の部」は，狭義の資本（払込資本）概念に基づいて，剰余金が新しい取引源泉から「資本剰余金」と「利益剰余金」とに区分表示される（商法施行規則88条）。

　資本剰余金は，「資本準備金」と「その他資本剰余金」に区分表示され，「その他資本剰余金」は，商法上は配当可能利益として取り扱われる諸項目で，①

資本金及び資本準備金の取崩しによって生ずる剰余金（減資差益及び資本準備金減少差益）と②自己株式処分差益がそれにあたる（商法施行規則89条）。自己株式処分差損が生じた場合は，原則として「その他資本剰余金」から控除する。

利益剰余金は，「利益準備金」及び「任意積立金」並びに「当期未処分利益（又は当期未処理損失）」に区分表示され，任意積立金は，その内容を示す適当な名称を付した科目に細分しなければならないのである。

ここでいう資本剰余金は，「主として株主の払込みに基づく資本性の剰余金を計上する」区分であり，他方の利益剰余金は，「留保利益である利益性の剰余金を計上する」区分である。この源泉区分による2つの分類が新しい資本の部の分類における主眼となる。

今回の貸借対照表記載事項に関しての主要な変更点は，企業会計における資本と利益の区分の考え方に対応するため，貸借対照表の部の表示を従来の配当可能限度額の算定方法に則した区分の方法である資本金，法定準備金及び剰余金という区分から，資本金，資本剰余金及び利益剰余金という区分に変更することとしたことである。この表示方法の変更によって，資本の欠損の状況が判然としなくなることから，その額を注記すべきものとしている（商法施行規則92条）。

「資本の部」のこの他の記載事項としては，88条の規定にかかわらず，株式会社の貸借対照表の資本の部に区分して記載しなければならない新株式払込金又は申込期日経過後における新株式申込証拠金を「新株式払込金（又は新株式申込証拠金）」，土地の再評価に関する法律（平成10年法律第34号）7条2項に規定する再評価差額金を「土地再評価差額金」，資産につき時価を付すものとした場合における当該資産の評価差額金（当期純利益又は当期純損失として計上したものを除く）を「株式等評価差額金」，自己株式は「自己株式」として控除する形式（△表示）で記載しなければならない。

これらを踏まえた「資本の部」を商法施行規則と旧計算書類規則を比較して示すと，次のとおりである。

商法施行規則	旧商法計算書類規則
（資本の部） I　資本金 II　新株式払込金（新株式申込証拠金） III　資本剰余金 　1　資本準備金 　2　その他資本剰余金 　　i　減資差益 　　ii　自己株式処分差益 IV　利益剰余金 　1　利益準備金 　2　任意積立金 　3　当期未処分利益 V　土地再評価差額金 VI　自己株式 　　資本合計	（資本の部） I　資本金 II　法定準備金 　1　資本準備金 　2　利益準備金 III　剰余金 　1　任意積立金 　2　当期未処分利益 　3　その他剰余金 　　i　減資差益 　　ii　資本準備金減少額 IV　評価差額金 V　自己株式 　　資本合計

(3) 剰余金の特質と表示

「資本の部」における剰余金の分類は，取引源泉から「資本剰余金」と「利益剰余金」とに区分され，またその内部において「資本剰余金」が商法上の資本準備金とそれ以外の「その他資本剰余金」とに区分されている。ここでいう「資本剰余金」とは，主として株主の払込みに基づく資本性の剰余金を計上するという区分であり，「利益剰余金」とは，留保利益である利益性の剰余金を計上するという区分である。

このように，この資本の部の分類は，第一・一般原則三における「資本取引・損益取引区分の原則」に基づく分類であり，「払込資本（資本金及び資本剰余金）と留保利益（利益剰余金）の峻別」という会計上重要な基本的要請を基礎にしている点に特質が認められる。したがって，配当規制の視点を考慮した分類とは異なるものとなり，この点に新しい分類の意義を見出すことができる。

参考文献

- 鳰村剛雄『体系商法会計精説』税務経理協会，1994年，pp.3〜15。
- 田中久夫編著『逐条解説　改正商法施行規則（計算規定）』税務経理協会，2003年，pp.4〜22。
- 岸田雅雄「商法会計　第1回」，『税経通信』Vol.57，No.12，税務経理協会，2002年，pp.46〜47。
- 岸田雅雄「商法施行規則」，『税経セミナー』Vol.47，No.10，税務経理協会，2002年，pp.28〜38。
- 箕輪徳二・三浦后美編著『新しい商法・会計と会社財務』泉文堂，2002年，pp.40〜45。

（佐々木　隆）

第4章

税 務 会 計

I 税務会計の意義

　税務会計（tax accounting）とは企業会計に基づいて作成された財務諸表を租税法の規則によって課税所得の計算をする会計領域をいう[1]。

　ここで税務会計というのは，代表的な法人税法の規定の他，個人所得税の規定，資産税の規定，消費税の規定があり，本章で中心となるのは，法人税法の規定に基づく課税所得の計算を理論体系化することにある。法学と会計学の調和を求める税務会計学は，企業決算書類（商法では「計算書類」という）を基にして，そこから加算・減算して課税所得計算を出す2つの学問のはざまにある特殊な領域であるといえよう。

II 税務会計の内容

(1)　税務会計は，最高法規である憲法で定められた国民の義務であるとともに，国民が公平に負担する金銭給付のための会計制度である。納税の義務は，納税義務者に対する課税が公平に課されることを公平課税の原則という。そして，納税義務者の納税負担能力を担税力といい，所得などそれに応じた課税がなされる[2]。

税務会計は法人などの所得を計算して,納税額を決定する役目を負っている。

(2) 税務会計は,これを制度会計 (legal financial accounting) の一領域ということがある。制度会計とは,財務諸表の作成にあたり,企業会計原則を基に商法会計,証券取引法会計及び税務会計が法律に従い,制度として会計される領域をいう。企業会計原則は,会計の歴史とともに,その慣習を体系化したものであり,これらは「一般に公正妥当と認められるもの」が体系化され,会計規範として確立したものである。この会計規範に準拠した会計の記録,測定,伝達を基に,商法や証券取引法というフィルターを通して,それぞれの財務諸表が完成するが,税務会計は,これらの財務諸表を基にして,さらに加算,減算,修正を施し,所得という会計を算出するシステムから,上記の商法会計や証券取引法会計とは異なる会計を構成する[3]。税務会計には,基礎となる完成された決算財務諸表が別途添付しなければならないことにその差異がうかがえる。

商法会計や証券取引法会計は,その決算書における表示の形式そのものに規制が加えられるが,税務会計はその決算書を基準にしながら,そこから導き出された利益を基に税法上の調整規定をもって加算,減算,修正を加えて,課税所得合計額を導き出す(確定決算主義)ことに特徴がある。商法や証券取引法などの利害関係は,私人間を対象に公正,妥当に経済取引を調整することにあるが,この税務会計の特徴は,国家が国民に対して,強制的に徴収する権限から導き出されることから,両者を区別して確定決算主義を導き出すことは妥当ではない。税額徴収権を債権とする現代租税法においてはその差異を強調できないことであり,いうまでもないであろう。

したがって,税務会計は制度会計の範囲に含まれない説が,妥当であるといえる[4]。

第4章　税務会計

III　税務会計と確定決算主義及び決算調整

(1) 確定決算主義（definite settlement of accounts）とは，商事確定決算書の利益を基準にして，税法上の申告調整をし，課税所得を導き出す方法をいう。法人税法22条4項で，「一般に公正妥当と認められる会計処理の基準」という規定（公正処理基準）を通則として設けて，確定決算主義を明文化している。さらに，同法74条1項で「内国法人に対して各事業年度終了の日の翌日から2月以内に，確定した決算に基づき，その事業年度の所得の金額や法人税額等を記載した申告書を税務署長に提出しなければならない」とする。この規定からも確定決算主義が導き出される。確定した決算は，商法上定時株主総会（株式会社法283条4項）や社員総会（有限会社法111条1項）の承認を受けた決算書を必要とする。株式会社の資本の額が5億円以上又は負債の合計金額が200億円以上の大会社では，会計監査人の監査と監査役監査の適正意見があれば，定時株主総会の承認を必要としない。この場合，定時株主総会の報告が義務づけられている（株式会社の監査等に関する商法の特例に関する法律16条1項）。

　　確定決算主義の特徴は，決算書上の利益（profit）と税法上の課税所得（income）の共通点をそのまま採用し，二重の決算書の煩雑さを回避したことにある。そして，商事確定決算書からの利益は，商法や証券取引法により，一般に公正妥当と認められる会計処理の基準に準拠されているから，そのまま基準としてよいということと，確定決算で選択した会計処理は，課税所得計算でもそれを選択したものとみなし，変更は認められないという規制がかかる[5]。

(2) 決算調整とは，課税所得計算上決算処理をそのまま代替処理させる規定があり，これは確定した決算で処理しなければ，税務会計上申告調整も認めないことをいい，確定決算主義から導き出される。決算調整と申告調整は，異なる概念であることに注意しなければならない。決算調整には，損金経理処

理・利益処分損金経理処理・利益及び剰余金処分損金不算入経理処理・特殊経理処理がある。

　損金経理処理には，主に次のものが規定されている。
① 減価償却資産の償却費の損金算入（法人税法31条1項）
② 繰延資産の償却費の損金算入（同32条1項）
③ 災害等による資産の著しい損傷を原因とする評価損の損金算入（同33条2項）
④ 使用人兼務役員の使用人分賞与の損金算入（同35条2項）
⑤ 役員退職給与の損金算入（同36条）
⑥ 交換により取得した資産の圧縮額の損金算入（同50条1項）
⑦ 貸倒引当金繰入額の損金算入（同52条）
⑧ 返品調整引当金繰入額の損金算入（同53条）

　利益処分損金経理処理には，主に次のものが規定されている。
① 国庫補助金等で取得した固定資産等の圧縮記帳による損金算入（同42条）
② 工事負担金で取得した固定資産等の圧縮記帳による損金算入（同45条）
③ 保険金等で取得した固定資産等の圧縮記帳による損金算入（同47条）

　利益及び剰余金処分損金不算入経理処理には，主に次のものが規定されている。
① 使用人賞与の損金不算入（同35条3項）
② 寄附金の損金不算入（同37条1項）

　いずれも決算時に損金として処理しないで，これを利益の処分としたわけであるから，税務会計上も損金に算入してはならない。

　特殊経理処理には，次のものがある。

① 延払基準（同63条）長期割賦販売等については，決算上延払経理処理をした場合には，その分だけ当該事業年度の損金（相手側は益金）の額に算入する。
② 工事進行基準（同64条2項）決算上工事の進行基準で経理処理をした場合には，その分だけ当該事業年度の益金及び損金の額をパラレルに算入する。

Ⅳ　課税所得計算と申告調整

(1) 法人税法22条1項は「内国法人の各事業年度の所得の金額は，当該事業年度の益金の額から当該事業年度の損金の額を控除した金額とする」と規定する。

「益金（収入の額）－損金（経費）＝課税所得」という式が規定されている。

課税所得を計算するには，「別段の定め」という，決算書上の収益及び費用に税法上の申告調整をしなければならない（法人税法22条2項，3項。なお所得税法36条1項，37条1項）。これを裏返せば，「別段の定め」を除くと，決算書上の収益は益金であり，費用は損金であるということができる。

ここで申告調整とは，課税所得計算上，決算書上の収益及び費用を調整して，それぞれ益金及び損金という概念に変化させる計算をいう。

別段の定めによる申告調整は，法人税申告書別表四に記載されるが，その計算構造は，次のとおりである。
① 益金不算入項目：決算書上収益であるが，益金の額に算入しない（減算項目）
② 益金算入項目：決算書上収益ではないが，益金の額に算入する（加算項目）
③ 損金不算入項目：決算書上費用であるが，損金の額に算入しない（加算項目）
④ 損金算入項目：決算書上費用ではないが，損金の額に算入する（減算

項目)

これを式に直すと,

```
決算利益－益金不算入－損金算入＋益金算入＋損金不算入＝課税所得
┌─────────┐   ┌─────────┐
│ A  収益 │ － │ C  費用 │ ＝ 決算書上の利益
└─────────┘   └─────────┘
  ┌─────────┐   ┌─────────┐
  │ 益金 B  │ － │ 損金 D  │ ＝ 課税所得の金額
  └─────────┘   └─────────┘
① ＝ A益金不算入項目は主に, 受取配当等, 還付された税金
② ＝ B益金算入項目は主に, 税額控除, 退職給与引当金取崩額
③ ＝ C損金不算入項目は主に, 法人市県民税等, 未払法人税等納税充当金,
    交際費等
④ ＝ D損金算入項目は主に, 減価償却超過額の当期において認容される額,
    圧縮損, 準備金繰入等
```

(2) 強制される申告調整項目の主なものは, 次のとおりである。なお, 強制されるのであるから, 調整を忘れば, 更正処分の対象となる。

① 資産の評価益の益金不算入 (法人税法25条)
② 法人税額等の還付金の益金不算入 (同26条)
③ 減価償却超過額の損金不算入 (同31条)
④ 繰延資産の償却限度額を超える金額の損金不算入 (同32条)
⑤ 評価替による資産評価損の損金不算入 (同33条)
⑥ 過大な役員報酬等の損金不算入 (同34条)
⑦ 役員賞与等の損金不算入 (同35条)
⑧ 過大な役員退職給与の損金不算入 (同36条)
⑨ 過大な使用人給与の損金不算入 (同36条の2)
⑩ 過大な使用人退職給与の損金不算入 (同36条の3)
⑪ 寄附金限度超過額の損金不算入 (同37条)
⑫ 交際費等の損金不算入 (租税特別措置法61条の4)
⑬ 法人税額等の租税公課及び罰金科料等の損金不算入 (法人税法38条)

(3) 申告書に任意に取り込むことを認めている申告調整項目の主なものは，次のとおりである。なお，この申告調整は，更正の対象にならない。
① 受取配当等の益金不算入（法人税法23条）
② 災害による損失の損金算入（同58条）
③ 資産整理に伴う私財提供等に係る繰越欠損金の損金算入（同59条）
④ 所得税額控除（同68条）
⑤ 外国法人税額の控除（同69条）

注

1) 武田昌輔教授は「しかし，税務会計は，制度会計（商法会計，証券取引法会計のような法的に強制される会計）ではない。企業会計によって算定された利益を税法の要請から修正・加工する会計である」と述べている。
　　武田昌輔（1995）p．1参照。
2) 宮沢俊義（1955）p．283，日本国憲法30条及び84条参照。なお，宮沢教授は，30条の解説の中で，「本条は，内閣草案にはなく，衆議院の修正で，加えられた。第84条があれば，本条はいらないとも考えられるが，国民の重大な義務として，ほかの義務とならべて，権利宣言で宣言するのが妥当とされたのであろう。」と述べている。
3) 菅原　計（2004）p．2参照。なお，菅原教授は「したがって，租税法の論理，解釈，適用の法理論領域は他の法律と同様重要であるが，租税法が他の法律と明確に異なるのは法律が一般に行為規範規定であるのに対し，租税法は税額を計算するための価値計算規定であるということである。ここに，租税計算制度の論理性，秩序性，公正性を理論的に探究する税務会計学の学問的形成の必然性がある」と述べているが，むしろ税額の計算を一律に規定する行為規範規定ではあるまいか。
4) 武田昌輔（1995）p．1参照。菅原　計（2004）p．6参照。
　　なお，税務会計が制度会計に含まれるとする説には，小畠信史（2001）p．4参照，末永英男（2004）p．12参照。
5) 確定決算主義の理論は，ドイツ商法典を継受した商法の明治32年確立されていたとされる（ドイツ商法典では税務貸借対照表に対する商事貸借対照表の基準性（Der Grundsatz Massgeblichkeit der Handelsbilanz fur die Steuerbilanz）という）。小畠（2001）p．25以下参照。なお，小畠教授は「ただし，「確定決算」という語は，大正2年から税法において使用されている。この年に改正された所得税法施行規則3条は，法人所得の申告書提出期限に関して，「毎事業年度決算確定ノ日ヨリ7日以内」との規定をおいていた。」と述べている。
　　また，武田昌輔（1998）p．427以下参照。

第1部　会計学のフレームワーク

参考文献

- 武田昌輔『新講　税務会計通論（最新版）』森山書店，1995年。
- 武田昌輔『立法趣旨　法人税法の解釈（平成10年度版）』財経詳報社，1998年。
- 宮澤俊義『法律學体系コンメンタール篇1　日本國憲法』日本評論社，1955年。
- 菅原　計『税務会計学通論』白桃書房，2004年。
- 小畠信史『税務会計の論点』税務経理協会，2001年。
- 末永英男『法人税法会計論（第3版）』中央経済社，2004年。
- 井上久彌・平野嘉秋共著『法人税の計算と理論（平成16年版）』税務研究会出版局，2004年。

（大輪　好輝）

第2部

貸借対照表の理論と構造

第 5 章

貸借対照表の構造

I　貸借対照表の意義と役割

　企業は利益獲得を目的としてさまざまな経営活動を通して，社会が必要とする財貨や用益（service）を生産する。このことは，社会全体の向上や発展に寄与し貢献するという社会的責任（CSR：corporate social responsibility）を有している。製造業であれば調達した資本から原材料を購入し機械設備などの生産手段と労働力によって製品を製造し販売することによって資本を回収する。商品売買業であれば，商品を仕入れこれに適正利潤を付けて販売し資本を回収する。

　企業が経営活動を行うには，資金が必要でありそのため資金調達がなされる。資金調達の源泉は，株式を発行して広く投資者から資金を募ったり，銀行やその他金融機関を通して資金の借入れを行ったり社債を発行して資金を調達する。借入金や社債は，満期が来れば返済義務を負う。このような債務を負債（liability）とか他人資本と呼ぶ。営業活動によって獲得した利益は，企業に内部留保として蓄積されるものと，配当金として社外に分配されるものとに分けられる。投資者は，特定企業に資金を投資することによって配当金を受け取ったり，株式無償交付によって持株が増えたり，さらには，株価が値上がりしてそれを売却すれば，その差額分が資本利得（capital gain）となる。

　また第三者割当増資のように，業務提携の相手先や取引先等関係の深い特定

の企業に新株引受権を与え資金を集める方法もある。このような誘因によって新株の発行や増資で調達された資金は，返済や利息の支払義務が生じないため自己資本と呼ばれる。

　企業はゴーイングコンサーン（going concern）の考えに基づき，計画（plan）・実施（do）・評価（see）を反復，継続し資本の拡大をめざし維持，成長，発展をする。このような経営活動に必要とする財貨，権利などを総称したものを資産（asset）という。この資金調達（資本の源泉）と資金運用の形態を具体的に一覧表にしたものを貸借対照表（balance sheet；B／S）と呼びこのつり合いの関係を財政状態という。

　貸借対照表は，企業のある特定時点（貸借対照表作成日）に帰属する企業のすべての資産，負債及び資本（capital）の項目と金額を適切な評価の基準に従って表示することが要求される。貸借対照表は，借方に資産，貸方に負債及び資本を表示する。これは，資産（借方：debtor）＝負債（貸方：creditor）＋資本（貸方：creditor）の関係が成立する。これを貸借対照表等式（balance sheet formula）と呼んでいる。この等式から，借方の資産総額と貸方の負債と資本をあわせた総額が一致し平均する。「balance sheet」のバランスは，この事実を表明したものである。一方，「balance」には，残高という意味が含まれる。これは取引の発生を仕訳帳に記帳しそれが総勘定元帳に転記され，さらに集計されて決算整理後の残高試算表を集めて表にしたものである。このように貸借対照表は，平均的なものと勘定の残高的なものとの両方の意味が含まれている。貸借対照表等式をもとに，右辺の負債を左辺に移項すると，「資産－負債＝資本」が成立する。これを資本等式（capital formula）と呼ぶ。資産から負債を差し引いたものを総資産（又は純財産，正味財産）といい，資産（asset）のことを積極財産，負債を消極財産といい，資本のことを純資産とも呼ぶ。資本は株主資本とも呼ばれ株主が出資した元本と稼得された果実とからなる。商法をはじめとして企業会計制度では，商人について会計帳簿と貸借対照表の作成に関する規定が設けられている。企業会計原則では「貸借対照表は，企業の財政状態を明らかにするため，貸借対照表日におけるすべての資産，負債及び資本を記載し，

株主，債権者その他の利害関係者にこれを正しく表示するものでなければならない」と規定している。これを貸借対照表完全性の原則又は貸借対照表網羅性の原則という。

　貸借対照表は決算報告書の中で損益計算書とともに有機的に結びつき，財務諸表（financial statements；F／S）の最も重要な報告書の1つである[1]。損益計算書は，一定期間の資本の増減原因から純損益を求めるのに対して，貸借対照表は，期首と期末の資本の差から純損益を求める。すなわち，「期末資本－期首資本＝（期末資産－期末負債）－期首資本＝当期純損益」となる。もちろん期中の引出しや追加元入があれば，これに増減を行う。いずれも両者（B／SとP／L）の純損益は必ず一致し等しくなる。これは「期末資産＋費用＝期末負債＋期首資本＋収益」から説明できる。貸借対照表と損益計算書の純損益の一致は，複式簿記のすぐれた特徴である。

　貸借対照表は，債権者保護を目的として，債務の支払能力や換金可能性を表示することに重点を置き，資産は財貨や権利，負債は契約による法的な債務が中心とする考え方がある。これに対して，設立から解散までを全期間とすると，「全期間の利益総額＝全期間の収益と費用の差＝全期間の収入と支出の差」という関係が成り立つ。この関係に，企業の存続期間をたとえば1年で区切るとイコールが成立しなくなる。この食い違いを収容するのが貸借対照表であるとする考え方がある。

II　貸借対照表価額の評価

　会計学における重要な課題の1つは，資産や負債の適正評価である。資産，負債，資本の評価（valuation）とは，貸借対照表価額を決定することを指す。支払手形，買掛金，借入金など負債の大部分は，債務の返却額が，当事者間の契約によって決定し確定しているため，引当金やデリバティブ（derivative）取引のような金融派生商品を除いて議論の余地は多くない。デリバティブ取引とは，先物取引，オプション取引，スワップ取引及びこれらに類似する取引を指

す[2]）。

　資本は，資産から負債を差し引いた差額概念とも考えられる。これに対して商品などの棚卸資産，売買目的などの有価証券などの流動資産，土地や建物などの固定資産の評価額を，一律に評価基準を当てはめると歪んだ評価となり実体経済に適合しなくなる。資産の過大評価は利益の過大評価となり資本が過大に表示されると「資本の水増」が生じ，これを配当すれば「たこ配当」となる。反対に資産の過小評価は利益の過小評価となり，秘密積立金の温床となる。

　資産の評価基準には，①原価基準[3]，②時価基準[4]，③低価基準がある。

　①の原価基準は，取引において実際に成立した取引価額をもとに，決算における貸借対照表の評価額を取得時に基礎を置くという考え方である。この基準によれば，会計数値の検証ができ取引価額という客観性が保たれる。このため原価と時価との未実現利益の計上が防止され恣意性が排除されるので保守主義の原則に合致する。しかしながら，インフレーションやデフレーションなどによりボラティリティ（市場の変動性：volatility）が大きくなれば，帳簿価額と経済実態価額とが乖離し利害関係者や情報利用者に的確な報告を示さなくなる。企業会計原則では「貸借対照表に記載する資産の価額は，原則として，当該資産の取得原価を基礎として計上しなければならない」と定めている[5]。取得原価とは，購入価額のほかにその購入に要した諸掛（しょがかり）を加算したものを指す。

　これに対して②の時価基準は，市場価格を時価として評価する方法である。つまり市場において売買された市場価格に基礎を置くものである。時価には買替えを想定した再取得価額と売却するときの価格を想定した売却価額とがある。この方法は，企業の解散，合併，譲渡などには経済実態に即しているため採用される。このほか今日，売買目的有価証券やデリバティブ取引によって生ずる正味の債権など特定の金融商品を時価で評価することが制度化されている[6]。このような場合を除き一般的に，ゴーイングコンサーンのもとでは，時価が原価より高い場合は評価益が計上され，保守主義の原則に反することになりまた，時価評価は客観的な証憑（しょうひょう：voucher）や証明に欠けるという欠点が

ある。

③の低価基準は，取得原価と市場価格との比較において，いずれか低い方を資産の評価額とする基準である。したがって低価基準によれば評価益は計上せず，評価損を計上することになり，保守主義の原則に適合することになり健全性を保つことができる。企業会計原則ではこの低価基準が認められている。しかしこの基準が過度に適用されれば企業会計の真実性が損なわれることになる。

III 貸借対照表の種類，形式，区分と分類，配列，注記

1．貸借対照表の種類

貸借対照表の作成方法には，企業の所有する資産を実際に棚卸を行ってその結果に基づいて作成する棚卸法（inventory method）と会計帳簿の記録に基づいて作成する誘導法（derivative method）とがある。しかし棚卸資産などは，破損，減耗，蒸発などの原因により実際有高と帳簿残高とが一致しない場合が生じ，実地棚卸により帳簿記録を修正する必要がある。貸借対照表には目的や観点により各種の貸借対照表がある。

① 作成時期による種類の分類では，
　ア　企業の営業開始にあたって作成される開業貸借対照表
　イ　月次や四半期業績や中間決算報告などのように会計年度の途中に作成される中間貸借対照表
　ウ　期末決算に作成され，単に貸借対照表といった場合は，これを指し帳簿記録に基づいて作成される決算貸借対照表
　エ　企業の破産や解散等によって作成される清算貸借対照表
　などがある。
② 利用目的からみた種類の分類として，
　ア　経営管理者が経営戦略や経営管理のために利用する経営貸借対照表
　イ　企業の信用分析など融資を受ける際に利用する信用貸借対照表
　ウ　商法や財務諸表規則に沿って作成される法律貸借対照表

エ　課税目的のために作成される税務貸借対照表

などがある。このようないくつかの目的や観点によって作成し様式，項目，配列が異なっていても同一時期においては，その実質的な内容は同一でなければならない。これは，企業会計原則の「単一性の原則」と合致する。

2．貸借対照表の形式

　貸借対照表は表題，作成年月日，作成者主体の名称を記載する。貸借対照表の様式に勘定式（account form）と報告式（report form）がある。勘定式による表示では資産，負債・資本の表示の区分の仕方にTフォームを原型として勘定の左右両欄を貸借に分け，借方（左側）に資産，貸方（右側）に負債及び資本を表示する。勘定式は経営分析などを行うときに貸借が区分されているので見やすく便利である。これに対して報告式では，各勘定を縦に羅列して＋と－の項目を記して計算し表示する。報告式貸借対照表は，資産を最初に表示し次いで負債の表示，最後に資本の順に上から下に連続して表示し，金額は加減算を行う。この表示は簿記会計の基礎知識がなくても勘定式のように借方や貸方のような表示がなく，計算過程が識別しやすく一般向けとされている。簿記を体系的に学んだ者には，簿記的な思考によるため勘定式が優れておりわかりやすい。商法施行規則では双方のどちらによるかは規定していないが，財務諸表等規則では，報告式が採用されている[7]。

3．貸借対照表の区分，分類

　貸借対照表は，企業の財政状態を明らかにした表であり，これが正しく表示されるためには，資産及び負債は総額によって記載しなければならない。たとえば売掛金と買掛金，貸付金と借入金のように資産の項目と負債の項目を相殺し貸借対照表から除去してはならない。このような相殺が行われると，経営分析などで項目が表示されず正確な分析が行われなくなると同時に，使途と源泉が歪められ適正な財政状態の表示がなされなくなる。

　企業会計原則では，「資産，負債及び資本は，総額によって記載することを

原則とし，資産の項目と負債又は資本の項目とを相殺することによって，その全部又は一部を貸借対照表から除去してはならない」としている[8]。これを総額主義の原則という。貸借対照表の科目は明瞭性の原則に従い資産の部・負債の部・資本部に区分し，さらに適当な項目に分類して示す必要がある[9]。この項目は，総勘定元帳の勘定科目の名称をそのまま掲載する必要はなく，わかりやすい分類に総合して示してもよい。

4. 貸借対照表の配列

このほか項目の配列の方法に，流動的なものから固定的なものへと順次配列する方法と，これとは反対に固定的なものから流動的なものへと順次配列して記載する方法がある。前者を流動性配列法 (current arrangement, current first order of arrangement)，後者を固定性配列法 (capital arrangement, fixed first order of arrangement) と呼ぶ。

流動性配列法によれば，資産の部に流動資産・固定資産・繰延資産を表示し，負債の部には流動負債・固定負債，資本の部の3区分に分けて表示する。商法施行規則では，この配列法のいずれによるかは規定していないが企業会計原則では原則として流動性配列法によることになっている[10]。この方法によれば，流動比率や当座比率などの経営分析に際し，支払能力を判定するのに便利である。しかしどの配列法を採るにせよ，資本は負債の次に記載し，繰延資産は資産の最後に配列する。

5. 貸借対照表の注記

貸借対照表の科目や金額の表示内容や方法の重要事項について補足説明をしたものを注記という。たとえば資産の評価基準，減価償却の方法，引当金の計上方法など会計処理や手続の変更，重要な会計方針の変更，偶発債務，担保の差入れ，1株当たりの当期純損益など重要事項を注記してこれを株主，債権者その他利害関係者など情報利用者に正しく伝え，意思決定にミス・リードの虞がないようにしなければならない。なお，貸借対照表の欄外に記載する注記を

第2部　貸借対照表の理論と構造

脚注という。

> 注

1) 商法32条〜34条参照，企業会計原則前文参照，財務諸表等規則参照。
2) 金融商品に係る会計基準，先物・オプション取引等の会計基準参照。
3) 商法34条，企業会計原則第三・貸借対照表原則五参照。
4) 商法34条，企業会計原則第三・貸借対照表原則五Ａ・Ｂ参照。
5) 企業会計原則第三・貸借対照表原則五。
6) 金融商品に係る会計基準参照。2000（平成12）年4月1日より制度化。
7) 財務諸表等規則6条（報告様式）。
8) 企業会計原則第三・貸借対照表原則一Ｂ。
9) 企業会計原則第三・貸借対照表原則二。
10) 企業会計原則第三・貸借対照表原則三。

> 参考文献

- Philip E.Fess, Carl S. Warren『Accounting Principles』South−western publishing co., 1987。
- 加古宜士『財務会計概論（第2版）』中央経済社，1998年。
- 武田隆二『最新財務諸表論（第8版）』中央経済社，2002年。
- 広瀬義州『財務会計（第4版）』中央経済社，2003年。
- 中村　忠『新稿現代会計学（6訂版）』白桃書房，2002年。
- 沼田嘉穂『会計教科書（7訂版）』同文舘出版，1976年。
- 若杉　明『企業会計の論理』国元書房，1981年。

（新　茂則）

第6章 資産会計

I 商法会計における資産会計の特徴

　本章では,制度会計を代表する「商法及び商法施行規則」(商法会計)における貸借対照表観とそこにおける資産会計の論理を概説する。そして,商法会計の貸借対照表項目に対する規制において重大なる影響を及ぼしている会計基準の動向も織り交ぜながら,商法会計の資産項目に対する具体的規制の異同点を検討し,商法と会計基準両者の乖離化又は離脱化の傾向が顕著であることを指摘する。

(1)　「財産法」と「損益法」,そのいずれを重視するかは,企業の公表する貸借対照表について,その目的やそこに掲記される資産概念の本質,その評価方法など多くの点において相違をもたらす。歴史的には財産法から損益法へ,現在では損益法から将来キャッシュ・フロー(公正価値)を重視した新財産法へという展開がみられてきたが,それはまさに企業の財務諸表(特に貸借対照表)が,何を目的に,どのような利害関係者向けに作成されるのかという会計そのものの本質の変遷に符合している。現在においては,会計上,損益法による利益計算を前提として財産法がそれを確認するという,損益法と財産法の結合した重畳的な利益計算構造が採用されている。それは,商法の計算

第2部　貸借対照表の理論と構造

規定においてはどうであろうか。

　ところで「財産法」とは，一定期間の期首における純財産と期末におけるそれとを比較することによって利益計算を行う方法をいい，そこでは，一定期間における継続的な会計記録を必要とせず，実地棚卸によって限定的に画定・評価した資産及び負債を財産目録へ記載し，それらを要約して貸借対照表を作成する。このような財産法は，企業の経済的基盤が未成熟で，未だ企業の永続性の前提を期待しえなかった時代において重視されていた方法であるが，それは企業の破産，解散等の有事を常に想定し，その際に企業がいかなる債務弁済能力を有しているかのいわゆる信用目的に資するものであり，企業の利害関係者の中心を会社債権者，特に金融機関とした場合に指向された利益計算方法である。したがって，財産法においては，信用目的に合致する財務諸表，特にその債務担保力を示す企業の財産状態を表示する貸借対照表が重視され，その必然としてそこに掲記される資産の本質には物理的な存在又は換価性の存在が求められ，またその評価にあたっては，有事における処分可能価額すなわち売却時価あるいはそれ以下の価額をもって評価する（時価以下主義）という特徴を有していた。会計では，貸借対照表の役割をこのように債務弁済能力表示の要請からする財産状態の表示に求める立場を「静態論」と呼び，その貸借対照表を「静的貸借対照表」と称している。

(2)　商法における計算規定の目的は，その構成が290条1項の配当可能限度額の計算規定を頂点として，他の諸規定はその計算要素の具体的内容を規制するものであると理解されるところから，従来より，会社の配当可能利益の算出にあると解されてきた。以前（昭和37年前）の商法においては，利益配当規制における「純資産額」を「時価以下主義」により求めるとした財産法的利益計算構造を採用してきたが，そこでは，永続企業を想定しない原初的な意味における債権者保護思考（企業の時点的な債務弁済能力重視の思考）を前提とした貸借対照表観，すなわち静的貸借対照表が商法上妥当と解されていた。ところが，時代の変遷とともに企業の経済的基盤が確立し永続企業の前提が

可能となって財産法の論理が次第にそのままの形で妥当しなくなると、商法はそれに照応し度重なる改正を実施し、ついには昭和37年の改正において、資産評価原則として「原価主義」を採用し、また株主総会に提出すべき計算書類から財産目録を除外し、固定資産についての「相当の償却」制度の強制、繰延資産項目の拡大、引当金規定の新設などの損益法原理を広範に導入し、商法の計算規定は著しく会計の論理、すなわち適正な期間損益計算の重視、換言すれば動的貸借対照表の論理に接近するに至った。その結果、商法は、従来からの債権者保護目的の達成のために財産法が絶対必要であるという考え方から脱却し、損益法を前提にしてもそれが可能であるという考え方に移行することになったのである。

つまり、永続企業を前提とした場合、時価以下主義による資産の評価は、未実現評価益の計上を容認し、それが配当可能利益に混入されて債権者の唯一の担保たる会社資産の社外流出を促し、また資産の不当な低評価は秘密積立金の設定を容認することになるなどから、必ずしも債権者保護に役立つものではないことが指摘されていた。また、損益法原理の商法への導入は、秘密積立金の設定により不当にその利益配当請求権を侵害されるおそれのあった一般株主の利益擁護にも役立つものと解されることから、時価以下主義から原価主義へと移行した昭和37年の商法改正は、商法が永続企業の前提を採り入れ、評価原則の近代化をはかったことを意味することはもとより、商法計算規定の目的が依然として債権者保護にあるとしても、それまでの原初的な意味におけるそれ（企業の時点的な債務弁済能力の重視）から企業の収益力を重視するそれへと解釈の重心が移動したものと理解されうる点に重大な意義が見出せるところである。このような諸制約から、商法は損益法の論理を採り入れながらも、現実に永続企業の前提が崩れ、企業の解散等が生じた場合の有事についても配慮し、最小限の債権者保護を考慮していることが考えられる。その結果、現行商法においては、損益法の論理（永続企業の前提）の下における債権者保護と財産法の論理（企業有事の前提）の下における債権者保護との2つの問題が内在していることが理解されることになる。

II 資産に関する商法の規制

ここでは，資産項目を中心とし，かつ貸借対照表貸方に属する項目（負債・資本）に関する商法の規制を概観する。また，それらの項目に対する商法と会計基準の規制の相違を明らかにするとともに，両者の調整の困難さ（限界）を理解されたい。なお，商法の規制のみが記載されている項目については，商法と会計基準の相違がないものである。

1．流動資産（棚卸資産）の評価
- ○ 商法における評価（商法34条1号，商法施行規則28条）
  - ・ 原価主義の原則（商法施行規則28条1項）
  - ・ 低価主義の選択適用（同28条2項）
  - ・ 強制低価主義の適用（同28条1項ただし書）

2．固定資産の評価及び減価償却
- ① 商法における評価及び減価償却（商法34条，285条，商法施行規則29条）
  - ・ 原価主義の原則（商法施行規則29条）
  - ・ 減価償却（「相当の償却」の強制）（同29条ただし書）
  - ・ 予測不能減損（「相当の減額」の強制）の控除（商法34条2号，商法施行規則29条）
- ② 会計基準——固定資産に係る「減損会計基準」（企業会計審議会・平成14年8月9日）
  - ・ 固定資産価値……「利益」（帳簿価額）から「キャッシュ・フロー」（回収可能価額）へ
  - ・ 「日本版減損会計」の導入

第6章 資産会計

3．金銭債権の評価

① 商法における評価（商法34条3号，285条，商法施行規則30条）
- 債権金額評価の原則……回収可能性の有無による判断（商法施行規則30条1項）
- 「相当の減額」の容認（同30条1項ただし書）
- 取立不能見込額の強制控除（同30条2項）
- 「市場価格」を有する金銭債権……時価評価容認（同30条3項）

② 会計基準──「金融商品会計基準」（企業会計審議会・平成11年1月22日）
- 金銭債権……原価評価の原則
- 債権の取得……債権金額と取得価額とが異なる場合，この差異が金利の調整である場合金利相当額（「調整差額」）を各期の財務諸表に反映させる（法人税法基本通達2－1－34）。取得金額と債権金額との差額を弁済期に至るまで毎期一定の方法で貸借対照表価額に加減する方法（「償却原価法」という）を適用し，その加減額は受取利息に含めて処理する。
- 貸倒見積額の算定……一般債権，貸倒懸念債権，破産更生債権等に区分。その区分に応じて「個別引当法」と「総括引当法」とを適用。

4．有価証券の評価

① 商法における評価原則
- 原価主義の原則（商法施行規則31条1項，32条1項）
- 有価証券の属性及び保有目的により，「売買目的有価証券」，「満期保有目的の債券」，「子会社株式及び関連会社株式」，「その他有価証券」に分類。
- 「時価」すなわち「市場価格の有無」等を基準として規制を細分化。
- 社債等に限り，原価主義を原則としながら，その取得価額が社債の券面額と異なるときは，「相当の増額又は減額」をすることができる（同31条1項ただし書）。

② 商法における評価「特則」
- 「市場価格」の有無による評価の特則
- 市場価格のある社債等……低価主義（「原価時価比較低価選択法」）の選択が許容され（商法施行規則28条2項），いわゆる強制低価主義（同28条1項ただし書）が適用される（同31条2項前段）。
- 市場価格のない社債等……償還不能見込額の強制控除（同31条2項後段）
- 市場価格のある株式……「子会社株式」（商法211条ノ2第1項，3項）を除き，低価主義の選択認容（商法施行規則32条2項後段）。
- 市場価格のある株式（子会社株式も含む）……強制低価主義の適用（同32条2項前段）
- 市場価格のない株式等……「相当の減額」の強制（同32条3項）

5．のれん（暖簾）の評価

① 商法におけるのれんの評価（商法施行規則33条）
- 任意計上
- 買入のれんに限定
- 「原価主義」評価
- 償却の強制
- 早期償却（5年以内）

② 会計における営業権の評価（企業会計原則第三・貸借対照表原則五E，同注解〔注25〕）
- 買入のれんに限定（自己創設のれんの資産性否認）
- 「原価主義」評価
- 償却の強制

6. 繰延資産

○ 商法における繰延資産（商法施行規則35条，41条）
  ・ 限定列挙（8種類）
  ・ 任意計上
  ・ 短期償却
  ・ 配当規制（開業費，研究費及び開発費）

7. 引 当 金

○ 商法における引当金（商法施行規則43条）
  ・ 昭和37年改正により損益法原理導入により新設
  ・ 任意計上
  ・ 利益留保性引当金の排除（昭和56年改正）
  ・ 条件付債務の排除

8. 資本金及び資本剰余金等

① 商法における資本概念
  ・ 「資本主理論」による資本……資本＝投下資金のうち対資本主（株主）の部分に限定する——どのような目的をもって拠出されたかということよりも，「誰」によって拠出されたかが判断基準。
② 会計における資本概念——「維持拘束性」を特質
  ・ 資本取引と損益取引とを明瞭に区別（企業会計原則第一・一般原則三）
  ・ 「企業体理論」による資本……資本＝その経済活動を維持するための資金——誰によって拠出されたかではなく，「どのような意図」によって拠出されたかが判断基準。
③ 商法における資本金及び資本剰余金等
  ・ 資本剰余金は原則として，「払込剰余金」に限定。
  ・ 資本金……発行価額総額の組入原則（商法284条ノ2第1項），発行価額の一部を法定資本に組み入れないことを許容する株式払込剰余金制度

第2部　貸借対照表の理論と構造

（同284条ノ2第2項）とその資本準備金積立強制（同288条ノ2第1項）
- 自己株式処分差損益額……貸借対照表の「資本の部」（「その他資本剰余金」）において直接加算（その他資本剰余金を超える処分差損額については，損益計算書の未処分損益区分において，自己株式処分差損等の科目をもって未処分利益から減額する）。
- 自己株式の消却……資本剰余金と利益剰余金のいずれから減額するかについては，会社の任意とされた。
- 資本準備金を6種類（①株式払込剰余金，②株式交換差益，③株式移転差益，④新設分割差益，⑤吸収分割差益，⑥合併差益）に限定（商法288条ノ2第1項）
- 合併差益……その全額を資本準備金として積立て強制（同288条ノ2第1項5号）

9．利益剰余金等

① 商法における利益剰余金
- 利益準備金の積立規制……資本準備金の額とあわせてその資本の4分の1に達するまで，毎決算期に利益処分として会社が支出する金額の10分の1以上を，また中間配当を行うときはその分配額の10分の1を積み立てなければならない（商法288条）。
- 利益準備金と資本準備金の合計額が資本の4分の1を超えた部分については，配当財源とすることもできる（同289条2項）。
- 評価替剰余金……「その他有価証券評価差額金」（財務諸表規則68条の2の2）（商法では，「株式等評価差額金」という（商法施行規則91条1項3号））は，資本の部に別に区分を設け，「その他有価証券評価差額」（商法では，「株式等評価差額金」という）として表示する（同91条1項3号）。この評価差額金は，配当不能である（同124条3号）。
- 「土地再評価差額金」……資本の部に別の区分を設けて表示しなければならない（商法施行規則91条1項2号）。この評価差額金は，配当不能である（同124条3号）。

第6章 資産会計

② 会計における利益概念——「処分性」を特質

- 会計における利益概念の特徴……①「期間計算」による利益，②「損益法」による利益，③「発生主義」による利益，④「原価主義」による利益
- 剰余金の定義……会社の純資産額が法定資本の額を超える部分（企業会計原則注解〔注19〕）
- 利益剰余金の定義……「損益取引から生じた剰余金」（同，第一・一般原則三）

　　　　　　　　　……「利益の留保額としての剰余金」（同注解〔注2〕）

　　　　　　　　　……「利益を源泉とする剰余金」（同注解〔注19〕）
- 利益剰余金の内容……「処分済利益剰余金」（「利益準備金」及び「任意積立金」の区分又は「特定使途目的のために積み立てられた利益剰余金」（利益準備金，新築積立金，配当平均積立金等の特定目的積立金）と特にその使途目的をもたない「不特定使途目的のために積み立てられた利益剰余金」（別途積立金）の区分）と「未処分利益剰余金」（「未処分利益金」）に区分。

　　　　　　　　　　　　　　　　　　　　　　　　（田中　久夫）

第7章

負 債 会 計

I 金融商品と負債会計

　近年,金融市場及び金融技術の発達により新しい金融商品が数多く登場している。一方,それらの金融商品を利用することによって資金調達を行った会社にとっては,それは負債という形で新たに負担を負うことになり,リスク増大の要素を含む場合があり,しかもその負債は伝統的な会計理論としての負債の概念を超えるもであって,個々の会計処理方法では対応できなくなりつつある。米国財務会計基準（FASB）金融プロジェクトではその基準設定の作業を行ってはいるが,現在,わが国ではこの問題点については緒についたばかりであり,十分には議論され尽くしているとはいえない状況にある。負債会計をここに提起する理由は,端的に述べるなら,わが国の経済情勢の急激な変化に伴って発生する様々なリスク増大に対して会社がどのように対応すべきかという命題にある。このような問題を解決するためには,負債の定義を議論するにとどまることなく,その意義及び本質を明確にすることが重要であると考えられる。

II 意　　義

　資産というものが投下された資金の具体的運用形態であるなら,その調達源

泉として，自己資本，すなわち狭義の資本，他人資本，すなわち負債とがある。

負債会計の目的は，債務の発生とその弁済に関する経済活動及びその経済事象の測定と報告にあると考えられる。負債は資本とともに企業の資金の調達源泉を表すものであり，またその財政状態を表しているため，資産会計と結びついていると同時に，引当金の設定，取崩し等の発生により損益会計とも結びついているといえる。

負債を定義するならば，それは，一般的には，商品の購入代金の未払い，約束手形を振出した場合などのように，すでに発生している取引やある事象の結果により発生した作為義務であり，特定の期日にその義務を履行しなければならない債務である。

負債には大きく分けて，法律上の債務に該当するものと，適正な期間損益計算目的または，実質優先主義の立場から負債として認識されるものとがある。前者を法的債務と呼ぶのに対して，後者を会計上の純負債（法的債務性のない負債）と呼ぶ。前者に分類されるものには買掛金，支払手形，借入金及び社債等の金銭債務（金銭の授受を目的とした債務）及び前受金等の金銭債務以外の債務（役務の提供等を目的とした債務），それに条件付き債務がある。後者に分類されるものには修繕引当金のような負債性引当金とリース負債とがある。

社債とは，会社がその資金を広く一般市場から調達する目的で債券を発行することによって生じる会社債務である。社債利息と償還期間の定めがある点が利息や返済の義務が伴わない株式とは異なる。なお，資金調達方法としてなぜこのように株式，社債等の他にもさまざまな手段が用意されているかという問題については，理論的な解答はなく，調達手段は多い方がよいと考えるしかない，といわれている。

前受金とは，財貨購入のための前払代金である前払金に対応するものであり，将来引渡すべき商品や提供すべき役務の対価の前受分をいう。営業活動を行ううえで発生する営業保証金，源泉所得税のような預り金とは区別される。

条件付き債務とは，退職給付引当金，製品保証引当金等のように，一定の条件が成就することによって会社の負担が発生し確定する場合に，その負担を示

すものである。

　修繕引当金とは，会社が現在使用している機械その他の有形固定資産について，将来修繕を行う予定がある場合に，その修繕費を当期の費用としてあらかじめ見積り計上するものである。

　会計上の引当金は評価性引当金と負債性引当金とに分類され，評価性引当金は貸倒引当金のように特定資産の減少予測額として捉え，資産価額から控除する形で表示される。負債性引当金は，将来において特定費用たる支出が確実に起こると予想され，その支出の原因となる事実が当期においてすでに存在し，その支出の金額を合理的に見積もることができる場合に設定され，その法的債務性の有無によって法的債務性のある引当金と法的債務性のない引当金とに区分される。法的債務性のある引当金とは製品保証引当金，（就業規則あるいは労働協約に基づく）退職給付引当金，債務保証損失引当金等を指し，法的債務性のない引当金とは商法施行規則43条に規定する引当金を指すものであり，修繕引当金，特別修繕引当金等がこれに該当する。修繕引当金のような，適正な期間損益計算を目的とした引当金は，収益に対応する費用があれば，それがまだ具体的に現実化していなくても，その発生を見積もって計上しなければならないとすることである。

　リース負債は，実質優先主義の見地から計上される負債である。リース取引には，リース契約の中途解約制限により経済的実態が売上と同様とみなされるファイナンス・リース取引と，それ以外のオペレーティング・リース取引とがある。ファイナンス・リースはその中途解約制限により経済的実態が売買と同様の状態にあるとみなされるため，これを債務と考え，通常の売買取引に準じて会計処理を行うから，そのリース開始時に当該リース物件の取得価額相当額を固定資産に計上すると同時に負債の部にもリース債務として流動負債又は固定負債として計上することになる。

III 商法施行規則

商法施行規則では，43条において「特定の支出又は損失に備えるための引当金は，その営業年度の費用又は損失とすることを相当とする額に限り，貸借対照表の負債の部に計上することができる」と定め，引当金の計上を認めている。商法では本来，貸倒引当金のような評価性引当金は資産の控除であるとして，また退職給付引当金のような条件付債務は法的債務性のある引当金であるとして，いずれも引当金としては認めていない。したがって，それ以外の，修繕引当金や製品保証引当金等のような法的債務性のないものを引当金として認めているのである。

IV 負債会計にかかわる問題点とその解決

会社の負債会計にかかわる具体的な問題発生と，伝統的な会計理論では解決が困難になりつつある理由として，次の3点が考えられる。第1に，新しい形の金融商品の開発とその登場。第2に，企業を取り巻く種々のリスク増大。第3に，利害関係者の広範囲化と多様化。

第1の問題点については，オフバランス化されていた金融商品がある時点で顕在化し，しかも過大な金額でオンバランス化する場合があること。第2の問題点については，製造物責任に対する損害賠償義務のように会社が負担する可能性のあるリスクの発生とその額が膨大である場合があること。第3の問題点については，発生すると予想される利害関係者が取引先等に限定されず，従業員に対する年金債務や株主に対する義務の存在が考えられる。

会社にとって，負債は確定した金額であると考えられていたため，従来は，問題点としての認識は低かったが，デリバティブ取引による巨額損失の発生，企業が負担する従業員の退職給付債務，偶発債務の発生，リース負債等の問題が明らかになってくるに従って，その問題が大きく認識されるようになった。さらに，以上の問題点は個々に独立して問題として発生するだけではなく，

各々相互間に何らかの因果関係が介在することによって複合化された問題として発生する場合も考えられるのである。

金融技術の発達が新しい問題発生の原因の1つであると仮定するなら，その具体的問題例として「新株予約権付社債」が考えられる。近年，多数の会社がその資金調達方法として間接金融から直接金融へと移行する傾向の中で，さらに会社はその調達手段の多様化を求めているため，新株予約権付社債もその手段の1つである。

新株予約権付社債は，社債保有者にとっては社債の保有者として安定的地位を享受するとともに，会社の業績が上がれば新株予約権を行使して株主となることができる。会社にとっては，それは社債としての経済的価値を表象するものであるが，保有者が権利を行使すれば発行主体である会社は一定の条件のもとに，株式を供与しなければならないものであり，負債証券でありながら，負債と同時に資本でもあるという潜在的な株式と考えられる。

V 本質と課題

負債は，会社資本をその源泉あるいは持分関係からからみた場合の概念の一つである。その内容は，どのような条件を備えた資金源泉あるいは持分関係を負債として認識するか，という認識条件に依存するのである。

負債に関する問題を分類するならば，次のように考えられる。第1に，負債の定義の問題，すなわち認識の問題である。第2に，測定の問題である。第3に，特定の項目の分類である。

第1の問題点である負債の定義又は概念には2つのアプローチがある。1つは帰納的・記述的アプローチであり，これは，現行会計実務における負債の取扱いを観察することから負債概念を帰納するやり方である。2つめは，演繹的・規範的アプローチであり，これは，会計の目的をまず規定し，その目的を実現するようなあるべき負債概念を演繹するやり方である。1つめのアプローチによれば，現行実務で繰延割賦売上利益のような繰延収益が計上されている

場合には，それを包含するように負債を定義する必要がある。2つめのアプローチによれば，会計の目的を果たすためには完全未履行双務契約（法的には当事者双方が履行義務を負い，かつ未履行状態。金融商品の場合には，一方の会社にとっては金融資産，他方の会社にとっては金融負債あるいは持分金融商品の双方を生じさせるあらゆる契約）である金融商品の貸借対照表に計上する必要があると判断されれば，その金融商品を包含するように負債の定義を修正あるいは変更する必要が生じる。さらに，認識の問題としては，いかなるものを会計上の負債とするか，という問題と，認識というものを財務諸表上への記録又は脚注表示の様な財務諸表の外側での表示を意味するのか，という問題がある。なお，表示については一般的には，前者を意味すると考えられている。

　第2の問題点である測定については，その測定基準として市場価値法と現在価値法とがあるが，詳細な議論はここでは避けることとする。

　第3の問題点である特定の項目の分類については，たとえば，少数株主持分のように，負債と資本のいずれに含めるべきかという問題である（少数株主持分の問題については負債の部と資本の部との間に表示するということで，一応決着はついている）。前述したような優先株，新株予約権付社債のように負債と資本の双方の性格をもつとみられるものについては，その分類には慎重な判断が必要とされると考えられる。

　負債の本質を，将来に資産を犠牲にする義務又は要求であると考えるなら，それは企業の将来の業績その他に関する見通しを含み，リスクや不確定な要因をも多数含むことになり確立論的な性格をもつことになる。このような確立論的な負債については，会計情報のディスクロージャーという方法でアプローチするという方法が考えられるべきである。

参考文献

- 新井清光著，加古宜士補訂『現代会計学（第7版）』中央経済社，2003年。
- 飯野利夫「会計における資産」，黒沢　清・山下勝治・番場嘉一郎編『近代会計学大系Ⅳ　資産会計論』中央経済社，1970年。
- 飯野利夫『財務会計論（三訂版）』同文舘出版，1999年。

- 井上達夫「債権者持分会計」，黒沢　清・山下勝治・番場嘉一郎編『近代会計学大系Ⅲ　持分会計論』中央経済社，1968年。
- 黒沢　清『現代會計學全集1　現代會計學一般理論』春秋社，1958年。
- 佐藤孝一「財務会計の本質」，黒沢　清・山下勝治・番場嘉一郎編『近代会計学大系Ⅳ　資産会計論』，中央経済社，1970年。
- 田中久夫編著『逐条解説　改正商法施行規則（計算規定）』税務経理協会，2003年。
- 広瀬義州『財務会計（第4版）』中央経済社，2003年。
- 山桝忠恕・嶌村剛雄共著『体系財務諸表論［理論篇］（四訂版）』税務経理協会，2000年。
- 伊藤邦夫「負債会計の進展に見る現代会計のチャレンジ」，『企業会計』Vol.46，中央経済社，1994年。

（山本　博人）

第8章 資本会計

　資本会計とは，株主によって払い込まれた資金を運用することによって発生する資金の増減を測定し，その増減した結果の報告を行うための会計である。また，資本は，資産・負債とともに，貸借対照表の構成要素であるため，資本会計は，資産会計・負債会計と並んで，企業の適正な財政状態の表示を目的としている。

　この資本会計は，株主から調達した資金を運用することによって，その利益を株主に分配している株式会社の根幹ともいえる会計制度である。そのため本章においては，株式会社における資本の役割とは何かを考察しながら，資本会計の意義を示していく。

I　資本概念

　資本とは，貸借対照表の構成要素であり，資産と負債の差額である。また，企業会計原則第一・一般原則三において，「資本と利益区別の原則」を掲げ，企業における営業活動や，その他の活動によってもたらされた純資産のうち，社外に流出してはいけない資本（維持すべき資本）と，社外に流出することが可能な利益とを区別することを要請している。しかし，ここでいう社外に流出してはいけない資本の内容には，さまざまな立場での見解がある。

企業における資本概念を定義するためには，まず，どのような立場において企業の会計が行われているのかを定義する必要がある。なぜなら，異なる立場をとることによって企業会計上の解釈や処理に関して誤差が生じてくる恐れがあるからである。企業の主体をどこに置くのかを大別すると，資本主の立場を重視する理論と，企業の独自性を重視する理論に分けることができ，会計学において前者を資本主理論，後者を企業体理論と呼ばれている。

　企業会計原則においては，元来，企業を株主・債権者・政府・消費者などの利害関係者集団とは別個，独立の企業それ自体とみる企業体理論の観点により，株主からの払込資本以外の拠出資本をも含めた資本を企業が維持すべき資本とみている。このような考え方に立った資本概念は広義説と呼ばれている。

　これに対して商法や税法においては企業を株主の集合体とみる資本主理論の観点に立って，株主からの払込資本のみを企業が維持すべき資本とみている。このような考え方に立った資本概念は狭義説と呼ばれている。つまり，資本概念はどのような立場に立つかによってその定義の意味は異なるものとなる。

II　資本の分類

　企業会計基準における資本の分類は，資本金に属するものと剰余金に属するものとに区別され，さらに剰余金は資本剰余金と，利益剰余金とに区別される。貸借対照表の資本の部は，資本金・資本剰余金・利益剰余金・土地再評価差額金・その他有価証券評価差額金・自己株式で構成されている。

　また，資本剰余金には，商法で定められている資本準備金とその他資本剰余金で構成され，利益剰余金は利益準備金・任意積立金・当期未処分利益で構成されている。

　資本金と資本剰余金は株主からの払込資本の性格をもち，利益剰余金は留保利益の性格をもつ。

第8章 資本会計

企業会計基準での貸借対照表「資本の部」

```
Ⅰ　資　本　金
Ⅱ　資 本 剰 余 金
　1　資 本 準 備 金
　2　その他資本剰余金
　　(1)　資本金及び資本準備金減少差益
　　(2)　自己株式処分差益
Ⅲ　利 益 剰 余 金
　1　利 益 準 備 金
　2　任 意 積 立 金
　3　当期未処分利益
Ⅳ　土地再評価差額金
Ⅴ　その他有価証券評価差額金
Ⅵ　自　己　株　式
　　　合　　　計
```

Ⅰの資本金とは，前述のように株主から払い込まれた払込資本のうち，商法の規定に従って資本金とされた部分である。

Ⅱの資本剰余金の区分は，主として株主の払込みに基づいて資本の性格を有する剰余金を計上する部分である。資本剰余金の区分は法定準備金である資本準備金とその他資本剰余金とに分かれる。資本準備金は，株式払込剰余金・合併差益・株式交換差益・株式移転差益・分割差益が資本準備金とされる。その他資本剰余金の区分は会計上は払込資本の性格を有するが，商法上は配当可能利益として扱われる項目，(1)資本金及び資本準備金減少差益と(2)自己株式処分差益，を表示する部分である。

資本金及び資本準備金減少差益のうち，資本金減少差益とは，減資によって減少した資本金の額が株式の払戻しに要した額，又は欠損塡補に充当した額を超える場合のその超過額のことをいう。また，資本準備金減少差益とは，法定準備金は，株主総会の決議によって資本金の4分の1に相当する額を控除した額を上限として取り崩して配当可能利益とすることができるため，資本準備金取崩額は払込資本の性格をもつためその他資本剰余金に表示する。このように資本金及び資本準備金減少差益の両者は，会計上は資本剰余金（株式払込剰余

金）の性格を有しているため企業会計基準では資本準備金とは別に，その他資本剰余金の区分に表示されている。

　自己株式処分差益とは，自己株式の売却の際に生じるものである。この処分差益は商法上は配当可能利益として扱われているが，自己株式の処分は新株を発行するのと同様の経済的実態を有すると考えられているため，処分差益も株主からの払込資本と同じ性質のものとされ，その他資本剰余金に表示することとしている。

　Ⅲの利益剰余金とは，払込資本の運用によって得た利益のうち，配当や役員賞与などで社外に流出したものを差し引いた残りの部分を社内に留保したものである。また，このうち利益剰余金項目の1つである利益準備金は，留保利益のうち，商法の規定により，債権者保護の考えから，利益処分を通じて企業から外部で資金が流出する際に強制的に留保させたものであり，任意積立金とは，株主総会の決議によって積み立てられた利益留保額である。

　Ⅳの土地再評価差額金とは，事業用の土地を「土地の再評価に関する法律」によって，再評価した際に生じる差額金であり，同法7条2項において「再評価差額から再評価に係る繰延税金負債の金額を控除した金額を，再評価差額金として，貸借対照表の資本の部に計上しなければならない」と規定された再評価差額金のことである。つまり，事業用土地の再評価額と帳簿価額との差額に対して，税効果会計を適用させることによって土地再評価差額金を算定するのである。

　Ⅴのその他有価証券評価差額金とは，金銭債権や株式・社債などの有価証券を，期末において時価で評価し，取得価格と時価評価額との差額によって生じる差額金のことである。

　Ⅵの自己株式の項目であるが，まず自己株式とは，会社がすでに発行している発行済株式の一部を再び取得し，保有していることであり金庫株ともいう。自己株式の取得に関しては，出資の払戻しと同じ効果をもつと考えられ，資本充実の原則に反するので，従来，その取得は禁止されていた。しかし平成13年6月の商法改正で定時総会の決議をもって，配当可能限度額・株主総会の決議

により減少した資本の額及び法定準備金の額の2つの金額の合計額の範囲内において自己株式を取得することができるようになった。

　自己株式の処理に関しては資本控除説と資産説がある。資本控除説とは，自己株式の取得を資本の払戻しと同様の資本の減少と考えて，貸借対照表の自己資本の控除項目として表示するとの考え方であり，資産説とは，自己株式の取得を一般の有価証券の取得と同様の資産の取得として考え，貸借対照表の資産の部に表示するとの考え方である。

　企業会計基準での貸借対照表資本の部は資本控除説を採用し，自己株式を取得するということは，発行したときの資本が減少することを意味しているため，つまり発行済株式からの買戻し額であるために，減資の性質をもっている。そのため，これを貸借対照表の資本の部からの控除項目として処理している。なお，資本控除説は国際会計基準等においても一般に採用されている方法である。

III　株式会社の資本会計

　株式会社の資本は，株主からの出資によって成り立っている。このため，株式会社の資本会計は，株主総会・取締役会などの意思決定機関における決議に従って，会計処理が行われている。

　まず，株式会社を設立させるときであるが，この際には，1名以上の発起人を必要としている（商法165条）。この発起人は定款を作成して，この定款に「会社が発行する株式の総数」（授権株式数又は授権資本）を記載し，株式会社の設立の際に発行する株式の総数は授権資本総数の4分の1を下回ることができないとされている。発行済株式以外の残った株式は，株式会社設立後に取締役会の決議により随時発行することができる。これを授権資本制度という。

　このように株式会社は，設立にあたり株式を発行して資金を調達するが，商法上，発行する株式の発行価格の総額を資本金とするのが原則ではある。しかし発行価格の2分の1を超えない金額を資本金とはしないで，資本準備金（株式払込剰余金）とすることができる。

株式会社を設立した後は，授権資本の範囲内において取締役会の決議によって資本金を増加させることができる。これを増資という。この増資は，株式会社の純資産を増加させるかどうかにおいて有償増資と無償増資に分けられる。

　有償増資とは，株式会社が新株を発行し，その引受対価として，金銭やその他現物の財産を出資させる増資の形態であり，株式会社の純資産は増加する。この有償増資の具体的な例としては，通常の新株発行のほかに，吸収合併や新株予約権の権利行使が挙げられる。このような行為が行われることによって，純資産及び資本金が増加することとなる。

　一方，無償増資とは，法定準備金の資本組入と配当可能利益の資本組入によって行われる増資の形態であり，株式会社の純資産は不変である。なぜなら，会計上は，資本金が増加するものの，その増加分だけ剰余金が減少するためである。

　この一連の増資の行為に対して，株主総会の特別決議によって，資本金を減少させることができる。これを減資という。この減資は，株式会社の純資産を減少させるかどうかで，有償減資と無償減資に分けられる。

　有償減資とは，事業規模の縮小などに伴って，不要となった資本部分を株主に有償で返還するものである。具体的には，株式を買い入れて消却したり，資本金の一部を払い戻して資本金を減少させることによって，株式会社の純資産を減少させることである。

　また無償減資とは，株式会社に欠損がある場合に，この欠損を塡補することを目的として，資本金の一部を払い戻さずに資本金を減少させることをいう。また，無償減資を行っても，資本金と未処理損失とが相殺されるだけなので，株式会社の資本金は減少するが，純資産を不変である。

　このように株式会社は，増資や減資を行うことによって，その時々の経営状態にあわせた臨機応変な行為が行えるようになっている。

Ⅳ 今後の展望と課題

　企業会計基準における貸借対照表の資本の部は，Ⅱで述べたような構造になっており，そのうち資本剰余金の区分においては，その他資本剰余金という区分を設けて会計上は払込資本の性格を有するが，商法上は配当可能利益として扱われている項目，(1)資本金及び資本準備金減少差益と(2)自己株式処分差益，が計上されている。そのため同じ項目において会計上は払込資本の性格をもつ項目が，商法上は配当可能利益となっているために，会計学上において重要とされている資本と利益との間の区画が乱れているという現状になっている。

　これは，平成13年6月の商法改正において，株式会社の資本制度に関する改正が行われたことによるものである。この改正では①自己株式の取得とその保有の容認，②額面株式の廃止，③法定準備金制度の改訂（利益準備金の積立方式の変更，減資差益の資本準備金からの削除，株主総会の決議による法的準備金の取崩しの容認）が行われ，企業会計基準委員会では，こうした商法改正に対応させるための貸借対照表資本の部を提案し，情報開示という観点から，取引源泉に基づいた新たな表示方法を提案して応えることとなった。

　しかし，払込資本と留保利益の区別は会計学において中心的な課題の1つであり，これを果たすためには企業活動の元手となっている払込資本の維持が前提となってくる。

　元来，株式会社の資本制度とは会社の設立及び維持存続のためにあるのと同時に，株主有限責任制度の下で会社債権者を保護するためのものである。そのために資本充実・維持の原則の下に資本維持という考え方が存在していた。しかし，これまで述べてきたように払込資本の取崩しが可能となった現状において，資本維持という考え方自体の意義がなくなりつつある。企業の元手となっている払込資本の維持がなされていないとなると，会計学上の中心的な課題となっている払込資本と留保利益の峻別も損なわれてしまう結果を招くこととなる。

　現在の日本経済は長引く不況によって停滞し，その打開策として企業の資本

政策などの自由度を高めて経済構造改革を推し進めていくためにこのような改正が行われたと思われるが，長期的に考えると資本維持がなされていなければ，企業の土台そのものが揺らぐ可能性もある。企業は維持・存続を基礎としているため，その場しのぎで払込資本を取り崩しているとその後いずれ存続が危ぶまれる状況に陥る可能性が生じると思われる。このような状況に陥らないためには，払込資本の取崩しに関してより慎重に検討する必要があると思われる。

参考文献

- 熊川次男・田中久夫編著『現代企業・法と会計の周辺事情』税務経理協会，2002年。
- 武田隆二『会計学一般教程（第5版）』中央経済社，2002年。
- 田中久夫編著『逐条解説　改正商法施行規則（計算規定）』税務経理協会，2003年。
- 広瀬義州『財務会計（第3版）』中央経済社，2002年。
- 弥永真生『「資本」の会計』中央経済社，2003年。

（太田　裕隆）

第3部

損益計算書の理論と構造

第9章

損益計算書の構造

I 損益計算書の本質

損益計算書(profit＆loss statement；P／Lないしはincome statement；I／S)とは，企業の経営成績である利益を明らかにするため，一会計期間に属するすべての収益と，これに対応するすべての費用を1つの表にまとめた計算書である。すなわち，損益計算書は一会計期間の損益の発生源泉と経営成績である利益及び当該会計期末の未処分利益とその発生原因を明らかにする表である。これを計算式で示せば，「利益＝収益－費用」となる。さらにそれを損益計算書の形式で示せば，「費用＋利益＝収益」となる。この等式を損益計算書等式という。損益計算書構造の骨格を示す等式である。

損益計算書は，継続企業の経営成績である期間利益を損益法により動態的に損益計算を行い，利益を明瞭に表示したものである。したがって，損益計算書は企業経営者及び企業の利害関係者に対し企業の経営状況を示す羅針盤である。企業の会計情報，経営情報を表示した重要な計算書である。

II 当期業績主義損益計算書と包括主義損益計算書

損益計算書は，そこで計算表示されるべき利益をどのように捉えるかにより，

第3部 損益計算書の理論と構造

当期業績主義損益計算書と包括主義損益計算書との2つの区分が可能である。

「総収益－総費用＝利益」の計算構造を，経常的損益項目と非経常的損益項目とに分類し当該会計期間の業績に関係のある経常的損益のみを記載する形態の損益計算書が当期業績主義損益計算書である。経常・非経常を区別せず，すべての損益項目を記載する形態の損益計算書が包括主義損益計算書である。

前者の形態は，損益計算書によって経常的な企業の収益力を知ることができ，かつ過年度利益との比較も容易に行いうることから，将来の業績の趨勢の判断に資するという利点が認められる。

これに対して，後者の形態は，その期間の経営業績の関連を問わず，利益の分配や資本取引項目を除き，すべての損益項目を掲記するという考え方を基本にもつものである。この損益計算書によれば，当期業績主義思考に基づく利益の区分表示も可能となる。さらに，損益計算書において処分可能対象となる利益を計上することも可能となるという利点をもつ。

以前においては，企業会計原則が当期業績主義損益計算書を，商法が包括主義損益計算書の採用を求め，実務上少なからざる混乱を惹起させたという経緯もあるが，昭和49年の両者の改正により，現在では両者とも包括主義損益計算書の採用を求めるに至っている[1]。

III　損益計算書の構造を支える諸原則

損益計算書は，損益計算書等式において構造の骨格を形成している。そして包括主義の採用によって構造の骨格が支えられている。以下に損益計算書の構造の仕組みに関する諸原則を列挙する。

1．総額主義の原則

企業会計原則は，「費用及び収益は，総額によって記載することを原則とし，費用の項目と収益の項目とを直接に相殺することによってその全部又は一部を損益計算書から除去してはならない」（第二・損益計算書原則一B）と規定し，総

額により損益計算書へ記載することを要求している。これを総額主義の原則という。収益,費用項目の全部又は一部が相殺されて表示・報告されれば,企業経営者や企業利害関係者が企業の規模・状況を適正に把握することができなくなる。

2. 対応表示の原則

企業会計原則は,「費用及び収益は,その発生源泉に従って明瞭に分類し,各収益項目とそれに関連する費用項目とを損益計算書に対応表示しなければならない」(第二・損益計算書原則一C)と規定している。これが対応表示の原則である。損益項目を表示する場合,それらを無差別・無秩序に列挙したのでは,損益の発生源を明瞭に捉えることができなくなる。企業会計原則は,明瞭性の原則に基づく損益対応表示を要求している。

3. 内部利益除去の原則

企業会計原則は,「同一企業の各経営部門の間における商品等の移転によって発生した内部利益は,売上高及び売上原価を算定するに当たって除去しなければならない」(第二・損益計算書原則三E)と規定している。これを内部利益除去の原則という。内部利益は,実現主義からいえば未実現の利益であり,その点からも除去しなければならない。

4. 区分表示の原則

企業会計原則は,「損益計算書には,営業損益計算,経常損益計算及び純損益計算の区分を設けなければならない」(第二・損益計算書原則二)と規定している。これを区分表示の原則という。企業会計原則が包括主義損益計算書を採用していることを示した規定である。損益計算書における収益及び費用は源泉別に対応表示される。営業損益計算,経常損益計算,純損益計算までの区分は,損益計算書の本来的な目的であり,これに未処分利益が付け加えられる。

損益計算書の構造の仕組みに関するこれらの諸原則は,明瞭性の原則を基本

とする表示形式の原則である。費用と収益の密接な分類区分と対応表示により，企業経営者と企業利害関係者が企業の財務内容に関する判断を誤らせないように仕組まれている。

Ⅳ　企業会計原則における損益計算書の構造

企業会計原則は，前述の区分表示の原則（第二・損益計算書原則二）に基づき以下のとおり区分計算し，利益を表示することを指示している。

1．営業損益計算

(1) 売上総利益の計算

一会計期間に属する売上高からそれに対応する商品や製品の売上原価を控除して売上総利益を算出表示する。役務の給付を営業とする場合には，営業収益から役務費用を控除して総利益を表示する（第二・損益計算書原則三D）。

> 売上高－売上原価＝売上総利益

売上原価とは，販売した製品や商品の原価であり，売上高に対応する費用である。小売業の場合，売上原価は次のように計算される。

> 期首商品棚卸高＋当期商品仕入高－期末商品棚卸高＝売上原価

売上総利益は，販売費や一般管理費などの諸経費を差し引く前のもので，企業が取り扱う商品や製品の市場における競争力を表している。つまり，企業の主たる業務の収益性を判定する場合に重要である。

(2) 営業損益の計算

売上総利益から販売費及び一般管理費（営業費）を控除して，営業利益を算出表示する。2つ以上の営業を目的とする企業にあっては，その費用及び収益を主要な営業別に区分して記載する（第二・損益計算書原則二A）。

> 売上総利益－販売費及び一般管理費＝営業利益（損失）

　販売費及び一般管理費とは，企業本来の営業活動により費やした販売費と，その営業活動を行うための管理業務に要した一般管理費の総称である。

　営業利益は，企業が営業活動によって獲得した当期業績主義に基づく利益であり，主たる経営活動の原因と成果としての収益力を表している。

2．経常損益計算

　営業利益に，企業の主たる営業活動以外の業務から生じた営業外収益と営業外費用を加減して，経常利益を算出表示する。

> 営業利益＋営業外収益－営業外費用＝経常利益（損失）

　経常利益は，企業の経常的な活動に基づいて獲得した成果を表し，企業の収益力を分析する場合に最も重要な利益である。しかし，営業外損益区分における営業外収益と営業外費用との間には，実質的な対応関係はない。たとえば受取利息と支払利息の関係にみられるように，財政金融上の取引に基づく収益及び費用としての同質性が認められるだけである。

3．純損益計算

　経常利益に臨時的かつ過年度損益項目で期間外損益とされる特別利益と特別損失を加減して，税引前当期純利益を算出表示する。

　さらに，この税引前当期純利益から法人税・住民税等を控除して，企業のすべての活動成果を示した当期純利益を算出する。

> 経常利益＋特別利益－特別損失＝税引前当期純利益
> 税引前当期純利益－法人税及び住民税等＝当期純利益

　特別利益とは，前期損益修正益，固定資産売却益等の臨時的かつ非経常的な活動により得られた収益を指す。また，特別損失とは，前期損益修正損，固定

資産売却損，災害による損失等の臨時的かつ非経常的な活動から生じた損失である。

この当期純利益は，包括主義に基づく利益概念であり必ずしも当該期間損益を示すものではないが，最終的な営業成績である。

4．未処分損益計算

最後に，当期純利益に前期繰越利益と積立金目的取崩額を加算し，中間配当金と利益準備金積立額を減算することによって，利益処分の対象となる当期未処分利益を表示する。

> 当期利益＋前期繰越利益＋積立金目的取崩額
> 　　　－中間配当金－利益準備金積立額＝当期未処分利益

前期繰越利益とは，前期の利益処分の結果，次期へ繰り越された利益である。

当期未処分利益は，企業における最終利益を表している。これは商法上の処分可能利益を意味しているので，株主や投資者などの各種利害関係者が企業の投資価値を評価・判断する際に重視される利益である[2]。

V　商法における損益計算書の構造

商法施行規則では損益計算書を経常損益の部と特別損益の部に区分している。さらに経常損益の部を営業損益の部と営業外損益の部に区分することを規定している(商法施行規則94条)。しかし，商法施行規則はこの営業損益の部と営業外損益の部に区分基準については何の規定もしていない。営業損益の部について，売上高，売上原価，販売費及び一般管理費の例示科目が記載されているだけである。売上原価の内訳や売上総利益の表示規定もない。営業外損益の部についても同様である。未処分計算の区分において，前期繰越利益や中間配当等を加味して最終的な未処分利益を算定表示することを求めている。

商法における損益計算書の構造の特色は，このように区分基準を明記してい

ないところからうかがえる。つまり商法が，債権者保護の観点から包括主義損益計算書を求めているためである。商法施行規則における計算目的を配当可能利益の算定におくならば，処分可能利益あるいは債権者に対する債務弁済能力の表示に重点が置かれても当然である。営業損益と営業外損益の区分基準の明示，例示科目の記載指示がされていないことは，必然的な結果である。

商法における損益計算書の構造の仕組みは，包括主義にある。これは財産法の思考に立脚し貸借対照表を前提とした利益計算構造に由来している。

VI 損益計算書の構造の本質

損益計算書の構造は，企業の経営成績を明らかにするため，一会計期間に属するすべての収益とこれに対応するすべての費用を表示するために仕組まれたものである。企業会計は，継続企業を前提に損益法による期間損益計算重視の観点から今日の損益計算書の構造を求めている。

企業会計原則，商法において共通する点は，
① 包括主義損益計算書であること
② 区分表示の形式を採用していること
③ 経常利益を表示し当期業績主義に立脚する期間損益を表示していること
④ 貸借対照表との調整をはかり，当期未処分利益を表示し，利益処分との関連を明らかにしていること

である。

損益計算書は財務諸表の中で重要な位置にあり，企業経営者をはじめ企業の利害関係者に対する企業の羅針盤であり，企業の財務内容に関する判断を誤らせないようにしなければならない。適正な期間損益計算の明瞭表示という大きな課題に立脚している。今日の損益計算書の構造は，このような課題をもとに成り立っている。

第3部 損益計算書の理論と構造

注

1) 田中久夫編著『逐条解説　改正商法施行規則（計算規定）』税務経理協会，2003年，pp.17〜18。
2) 秋本敏男・倍　和博著『会計情報分析の形成と展開』同友館，1998年，pp.79〜84参照。
3) 田中久夫編著，前掲書，p.19。

（大山　利信）

第10章

収 益 会 計

I 収益の意味

　会計及び簿記はあたかも国際言語のように日本以外の国でも会計用語を用いることでその意味しているところが容易に理解される。この章を理解すれば，国際ビジネスの中でも使われる，「It's unrealized profit. This is a revenue recognition issue.（未実現利益である。収益認識の問題がある。）」がどのようなことを問題にしているのかのイメージがもてるようになる。

　各国の会計基準によって収益についての定義は異なるが，ここではわが国で一般に公正妥当と認められている企業会計原則及び同注解に従って説明を行う。

　最後に，応用編として実務で直面する収益会計の具体的な問題を提示するので自分なりに考えてもらいたい。

　会計は簿記という手段を用いて経済取引を認識することだが，収益会計を考えるにあたり工作機械の販売という行為を例に，収益（売上）が「いつ（タイミング）」，「いくら（金額）」で認識，測定され仕訳（売掛金××／売上××）されるのか考える。

　企業会計原則，損益計算書の本質（第二損益計算書原則一A）では，「すべての費用及び収益は，その支出及び収入に基づいて計上し，その発生した期間に正しく割当てられるように処理しなければならない。」と述べている。ところで，

工作機械の販売というビジネスの流れをイメージしてもらいたい。販売に関連する行為とはいつからいつまでかと経営者に聞けば，販売のためにすべての業務があるのだから材料の仕入から，いや会社設立からといわれそうであるが，直接的な価値の増加ということで一般的な理解を得やすいと思われる機械の製造から売上代金の回収までを対象にして考えてみる。その中で，企業会計原則がいう収益の発生した期間とはいつをいうのだろうか。また，同基準のただし書である，「ただし，<u>未実現収益は，原則として，当期の損益計算に計上してはならない。</u>」と記載されている未実現利益とは何かを考えていく。

II 収益の認識（発生主義と現金主義）

現在の会計は発生主義会計である。発生主義会計とは現金の収支のタイミングに関係なく費用及び収益をその経済事象の生起に基づいて認識する考え方である。収益について考えると財貨の引渡しがあるものについては生産活動及び販売活動による経済価値の形成，役務提供においてはサービスの提供による便益の形成により収益を認識するものである。次の図で考えると，経済価値の形成は，図のAの期間全体ということになる。

図：時系列A，B，C，D

（受注行為から運送会社への引渡しまで：自社の業務）

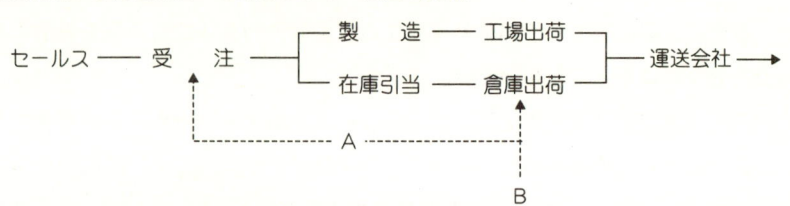

セールス ── 受　注 ┬─ 製　造 ─── 工場出荷 ─┐
　　　　　　　　　　└─ 在庫引当 ─── 倉庫出荷 ─┴→ 運送会社 →

　　　　　　　　　　　　　　A
　　　　　　　　　　　　　　　　　　B

（製品到着から代金支払まで：注文先の業務）

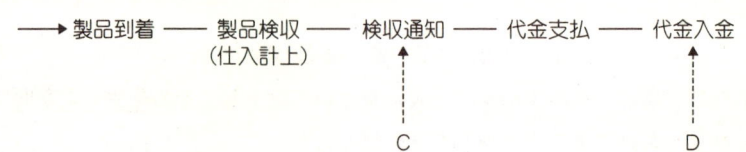

→ 製品到着 ── 製品検収 ── 検収通知 ── 代金支払 ── 代金入金
　　　　　　　（仕入計上）
　　　　　　　　　　　　　　　C　　　　　　　　　　　　D

現在の会計でこのような経済事象の生起で収益を認識しているものとしては，時間の経過に基づいて収益を認識する受取利息収入，家賃収入があるといわれている。これらの収益は契約による役務提供期間中である場合は未収収益（企業会計原則注解〔注5〕）として表示し，役務提供完了後の未収金とは区別している。

一方，現金の収支のタイミングで費用及び収益を認識する考え方として現金主義会計がある。収益について考えると現金が入金されたときに収益を計上する方法である。図ではDのタイミングになる。

現金主義会計は現金収支とともに費用及び収益を認識するため測定額の客観性が高く確実であると考えられる。一方，現金の収支のタイミングと実際の収益にかかわる経済事象が生起しているタイミングとには直接的な関係はないため，経済事象を適切に反映していないと考えられている。

発生主義による収益計上は特定時点における収益の認識及び金額の測定に困難があることは容易に想像される。このため収益の経済事象の生起をどのように認識，測定するかについて会計処理当事者の判断の影響を強く受け客観性が犠牲になってしまう。

税務会計においては課税という公平性，客観性を強く求める税法の法目的の性格上費用収益の認識にあたり客観性を高めるために発生主義を法律上の権利（債権），義務（債務）の概念により修正を加えている。

現在は発生主義会計であるが，収益の認識にあたっては次にみる実現主義に基づき，図のBのタイミングで収益が認識されている。

III 収益概念（実現主義）

収益の認識について企業会計原則，損益計算書の本質（第二・損益計算書原則一A）で「すべての費用及び収益は，その支出及び収入に基づいて計上し，その発生した期間に正しく割当てられるように処理しなければならない。」と規定されている。この発生した期間について，現在の発生主義会計の下でも，収

益の認識という観点では実現主義が採用されている。このことは，同条ただし書に，「ただし，未実現収益は，原則として，当期の損益計算に計上してはならない。」として明確に述べられている。

　実現主義における実現についてはさまざまな定義がある。一般的には，財貨（商品，土地等）又は役務（サービス）が譲渡・提供され，対価として確定した貨幣性資産（現金，売掛金等）に形を変えることとされている。また，収益獲得過程における決定的な事項が実現であるともいわれている。収益会計においてなぜ実現主義が採用されているかは各種の説明があるが，原価主義会計を基調とする現在の会計の下では，保有資産の時価，処分価値等が上昇しても単に資産を保有しているだけで利益は認識しないという考えと表裏一体の関係にある。つまり，収益獲得過程の完了（決定的事項時），つまり実現を経た場合にのみ収益を認識できるのである。企業会計原則は，これらのことを未実現収益はこれを計上できないと表現している。

　この実現主義は商法，税法等の制度会計からもその法目的に含まれる配当可能利益の算定，担税能力ある利益の計算等の観点からも支持されるものとなっている。

　実現主義の具体的な基準として販売基準があげられる。これは，その取引形態の商慣習によって商品を引き渡し，又は商品の発送，引渡しによって販売の事実という収益獲得の決定的事項が行われたと判断されたときに収益を計上するものである。実現と考えられるときに以下4点が明らかになる，このことが実現主義を支える実際的な根拠ともなっている。

① 収益計上額の客観性：相手との合意による財貨の引渡し等によって収益として計上する金額が客観的になる。
② 収益獲得活動の完了：収益獲得のための主たる活動が完了する。
③ 貨幣性資産の裏付：利益に対応する処分可能な現金，手形，売掛金等の資産（貨幣性資産）の裏付を得る。
④ 対応費用額の確定：収益獲得のために直接要した費用の額が確定し収益と費用を対応させて同一会計期間に認識できる。

Ⅳ 具体的な収益の認識方法

　実現主義による収益認識の基準は通常の販売の場合は販売基準でよいが，すべて販売基準で処理できるかというとそのようにはいかない。たとえば，A社がB社に特注の大型機械を販売したとする。製造販売するA社はA社工場からB社に対して出荷（発送）したとしても，A社は通常B社の検収通知を入手するまで売上を計上しない。これは，B社が当該機械を運転して注文どおりに動かなければB社は返品又は無償修理をA社に依頼することから，収益獲得過程の完了（決定的事項）は出荷ではないと考えられるためである。

　大型機械を設置したが注文したように動かない場合をⅢで述べた実現主義を支える実際的な根拠の4点で検証してみると出荷が実現でないことが明確になる。

① 収益計上額の客観性：契約で取り決めているのが一般的であり問題はないが，次の②以降が問題となる。
② 収益獲得活動の完了：大型機械がB社の注文に合うようにA社の対応が続くので，販売行為は完了していない。
③ 貨幣性資産の裏付：A社で売掛金を計上したとしてもB社は機械が注文どおりに動かない限り代金を支払うことはなく貨幣性資産を得たとは考えにくい。
④ 対応費用額の確定：大型機械が順調に動くまで機械の調整，修理に追加コストがどのくらい発生するか確定できない。

　この例では，上記4点すべて最も早い段階で満たされ収益獲得過程が完了したといえる時点としては，B社による大型機械の試運転後の検収を待たざるをえない（図のCの時点）。つまり，この取引においては検収時に利益を認識する検収基準が実現主義に合致していると考えられる。

　企業会計原則では，同注解〔注6〕によって商品等の販売についても，実現主義の適用としてその取引形態の商慣習に基づき，委託販売，試用販売，予約販売，割賦販売等特殊な販売契約による売上収益の実現の基準を以下のように

示している。

(1) 委 託 販 売

　委託販売については，受託者が委託品を販売した日をもって売上収益の実現の日とする。したがって，決算手続中に仕切精算書（売上計算書）が到達すること等により決算日までに販売された事実が明らかとなったものについては，これを当期の売上収益に計上しなければならない。ただし，仕切精算書が販売のつど送付されている場合には，当該仕切精算書が到達した日をもって売上収益の実現の日とみなすことができる。

(2) 試 用 販 売

　試用販売については，得意先が買取りの意思を表示することによって売上が実現するのであるから，それまでは，当期の売上高に計上してはならない。

(3) 予 約 販 売

　予約販売については，予約金受取額のうち，決算日までに商品の引渡し又は役務の給付が完了した分だけを当期の売上高に計上し，残額は貸借対照表の負債の部に記載して次期以後に繰り延べなければならない。

(4) 割 賦 販 売

　割賦販売については，商品等を引き渡した日をもって売上収益の実現の日とする。

　しかし，割賦販売は，通常の販売と異なり，その代金回収の期間が長期にわたり，かつ，分割払いであることから代金回収上の危険率が高いので，貸倒引当金及び代金回収費，アフター・サービス費等の引当金の計上について特別の配慮を要するが，その算定にあたっては，不確実性と煩雑さとを伴う場合が多い。したがって，収益の認識を慎重に行うため，販売基準に代えて，割賦金の回収期限の到来の日又は入金の日をもって売上収益実現の日とすることも認められる。

　物の引渡しのある長期請負事業についての工事の収益計上については，企業会計原則注解〔注7〕で工事進行基準又は工事完成基準のいずれかの選択適用を認めている。

また，物の引渡しのない請負においては，役務完了基準を，有価証券の譲渡，有形・無形固定資産の譲渡については，取引契約及び商慣習により個々に実現主義の適用が検討されることになる。

実現のタイミングが明確でない取引について，実現か未実現かを判断するときのメルクマールは，上記に述べたように当該取引において収益獲得過程の完了（決定的事項）が何かを考えることである。それを考えるための観点としてⅢで述べた4つの実現主義の実際的な根拠，①収益計上額の客観性，②収益獲得活動の完了，③貨幣性資産の裏付，④対応費用額の確定，で判断することになる。

売上として「いつ（タイミング）」認識するかは以上で説明された。次に「いくら（金額）」で計上するのかについて述べることとする。

Ⅴ 収益額

収益として「いくら（金額）」計上するのかについては，企業会計原則の損益計算書の本質（第二損益計算書原則一A）において，「すべての費用及び収益は，その支出及び収入に基づいて計上し，その発生した期間に正しく割当てられるように処理しなければならない。」と述べている。つまり，収益の金額の測定は原則として，収支額に基づいて行うこととされている。これは，企業と外部者との間に成立した金額が客観的価額であり，これを測定する基準とするものである。

売買目的有価証券に対して決算において評価益を認識するが，これは企業と外部者との間に個別に成立した取引ではないが，取引所の市場価格等を企業と外部者との間に成立すべき客観的な価額であり，その時点で取引が成立したはずと説明されている。

一方，売買目的有価証券以外の有価証券で市場価格のあるものについて現在，決算において同様に貸借対照表価額に時価を付しているが，これは取引ではなく有価証券の資産評価の問題である。しかし，これについても実現，未実現と

いう言葉が使われており，当該評価損益は収益取引でないことから未実現とされる。このため当該評価益は損益計算書に表示されることはない。また，商法においてこれら評価益は配当可能利益を構成できる利益ではないとして配当可能利益の計算において控除されている。

未実現という表現はこれらとは別に連結会計でも用いられる。連結会計においては，連結グループ内で行われた収益取引は収益取引ではなく，個別企業で販売用資産を倉庫から支店に動かしたものと同じと考え，その取引を消去する。連結会計における収益は，連結グループ外に販売しない限り実現とは考えず，連結グループ内での販売による利益は未実現となる。具体的には，連結財務諸表において連結グループ内企業からの販売，購入取引を消去するとともに購入資産に含まれている販売側が計上した粗利益の部分を取り消すことになる。

VI 実務問題

Vまでで基本的な収益認識について説明した。今後の学習のために実務で遭遇する難解な3事例を提供するので，どこに収益認識上のむずかしさがあるか考えてもらいたい。

〔事例1〕

商品（たな卸資産）の大型バスと取引先の遊休土地（固定資産）を物々交換した場合にバスについて収益（売上）を認識できるか。もし，商品でなく時価のある上場有価証券だったらどうか。また，遊休土地ではなく時価のある上場有価証券だったらどうか。

（考慮ポイントの例）
- 収益認識の測定は収支額に基づくことをどのように考えるか

〔事例2〕

研究開発型のベンチャー企業が創薬研究開発プロジェクトを請け負い，受託

料として10億円（研究結果が失敗でも契約金額は不返還）を契約時に受け取った。研究は今後3年間で実施するがいつ収益を認識すべきか。もし，今後発生する研究開発費が見積もれない場合には研究行為を行っても3年間収益はゼロか。

（考慮ポイントの例）
- この契約において収益獲得過程の決定的事項とはいつか
- 収益に対応する費用が代金入金時に発生していない場合に費用と収益の対応はどのように考えるか
- 研究の進行段階に応じて収益発生を認識するメルクマール（マイルストーン）を別途設定した場合はどうか

〔事例3〕

業務システムを運営するためのコンピュータの選定納入（契約直後納入），業務システムのソフト開発（契約後1年で完成予定）及び2年間のメンテナンス（契約後2年間）を本体価額込みで一括10億円で受注した。発注者は10億円で1年後に業務システムが稼動し，少なくとも稼動後1年間システムが問題なく動くことを注文するのであり，一括10億円の契約内容として支払方法は契約時及び1年ごとの3回払い以外は，コンピュータ本体，業務システムのソフト開発及び2年間のメンテナンスの各価額をどのように契約に記載しようが問題ないと考えている。なお，原価はコンピュータ本体（仕入れて納入するだけ）が1番大きいが，付加価値は1番小さい。

（考慮ポイントの例）
- コンピュータの納入とソフト開発，メンテナンスの2つのサービス提供の時期が異なるがいつ収益を計上するのか
- 総収支額は10億円だが契約の記載の内訳に基づいて売上を分割して計上できるか
- 全く同じ内容でありながら契約書上の内訳の記載金額が異なる契約を別の取引先と結んだ場合はどうか
- 3本の別の契約にして各々契約額を示すように契約書を作成したらどうか

上記3事例は実際の実務で問題になっていることであり正解はないのか，Ⅲに記載した実現の4つの観点から考えてほしい。いろいろと実際の経営感覚と乖離した会計処理が想定されることになる。ここに，米国を中心に収支基準を考慮しながらも，このような事例に対し取引の測定にFaire value（公正価額）という考えを利用しようとする考えが生まれる事情が理解しうるかと思う。

（宮入　正幸）

第11章

費用会計

I 費用の意味

　費用（広義）とは，減資などの資本取引（及び利益処分取引）以外の企業活動による資本（純資産）の減少のことである。

　費用は，原因となる企業活動により，商品や製品の販売から生じる売上原価，販売業務と一般管理業務から生じる販売費及び一般管理費（以下，「販売管理費」という），資金の調達や余裕資金の運用などから生じる営業外費用に分類される。「主たる営業活動」から生じる売上原価と販売管理費を営業費用ともいう。これらの企業活動を遂行するために消費される財や用役（サービス）の対価を原価という。それゆえ，原価は，財や用役のもつ「企業活動を遂行する能力（用役潜在力）」を内容とする経済価値を表す。用役潜在力は，企業活動の目的（成果）である収益を獲得するために消費される。

　収益獲得のために消費された用役潜在力に対応する原価の費消額は，費用（狭義）となり損益計算書に計上される。一方，未費消の原価は，棚卸資産や固定資産などの原価性資産となり貸借対照表に計上されて繰り延べられ，翌期以降の損益計算書に費用として計上される。この考え方を原価（費用）配分の原則という。

　期せずして収益の獲得に貢献せずに失われた用役潜在力に対応する原価及び

その他の経済価値の喪失は，損失（広義の費用に含まれる）と呼ばれる。事業用固定資産の減損損失は前者の例であり，売掛金や貸付金などの金銭債権（貨幣性資産）の回収不能額である貸倒損失は後者の例である。

II 費用の認識と測定

費用の認識とは，費用が帰属する会計期間を決めることであり，費用の測定とは，費用の額を決めることである。なお，認識と測定をあわせて「計上」ともいう[1]。この節では，費用の認識と測定について，企業会計原則に準拠して述べる（下線は筆者による）。

1．費用収益対応の原則

> **損益計算書原則一**
> 損益計算書は，企業の経営成績を明らかにするため，一会計期間に属するすべての収益とこれに対応するすべての費用とを記載して経常利益を表示し，これに特別損益に属する項目を加減して当期純利益を表示しなければならない。

費用収益対応の原則は，一会計期間の努力（費用）と成果（収益）が正しく対応するように認識・測定することを要請している。

費用収益対応の形態には，次の2つのものがある。

(1) 個別的対応

売上高と売上原価の対応関係にみられるように，販売する商品や製品を媒介として個別的または直接的に関連づけられる対応関係のことである。通常，販売基準に基づいて売上高（収益）を認識し，販売（引渡）商品の原価をこれに対応する売上原価（費用）として認識する。しかし，工事進行基準を採用するときは，逆に，発生した工事原価（費用）に対応する工事収益を認識する。

⑵ 期間的対応

　売上高と販売管理費の対応関係にみられるように，期間を媒介として総括的または間接的に関連づけられる対応関係のことである。販売管理費は，期間の売上高を獲得するために必要とされる費用であるので，売上高に対応することは明らかである。売上債権の貸倒損失や棚卸減耗損のような損失のうち，不可避的に発生するものは，統計的な意味で売上高に対応するといえる。

　また，支払利息などの財務・投資費用を主な内容とする営業外費用は，受取利息などの財務・投資収益を主な内容とする営業外収益との対応関係は認められないが，売上高とは間接的に対応するものと考えられる。

　なお，臨時損益と過年度損益修正からなる特別利益と特別損失との間には，因果的な対応関係はみられないが，両者の発生源泉が共通しているので，純損益計算の区分に対応表示される。

2．発生主義の原則

> **損益計算書原則一Ａ（一部）**
> 　すべての費用及び収益は，その支出及び収入に基づいて計上し，その<u>発生した期間に正しく割当て</u>られるように処理しなければならない。

　発生主義の原則は，費用と収益を発生した期間に正しく割り当てることを要請する原則であり，費用と収益を現金収支のあった期間に認識する現金主義の原則と対比される。発生主義の原則を基礎とする会計を発生主義会計，現金主義の原則を基礎とする会計を現金主義会計という。

　発生主義会計は，信用取引の発達や固定設備の増大などの経済環境の変化により，現金主義会計が適合性を失ったために生まれた近代会計である。現金収支は客観的に検証可能であるが，収支時に損益を認識する現金主義では企業活動による経済価値の増減を合理的に把握できなくなった。発生主義会計は，経済価値の増減の事実に基づいて費用と収益を認識しようとする考え方である。発生主義会計を特徴づける典型的な例に減価償却がある。減価償却は，有形固

定資産の取得原価を，その経済価値の減少の事実に基づいて減価償却費として費用化する方法である。減価償却費は，有形固定資産の対価を支出する期間の費用ではなく，それを利用する期間の費用として認識するものである。

発生主義に属する費用の認識基準には，棚卸資産に適用される消費基準，及び利息や減価償却費に適用される時間基準がある。なお，費用の発生は，広義に解釈され，「引当金の繰入」にみるように，経済価値減少の原因事実の生起によっても認識される。

また，工場で発生する製造原価は，適正な原価計算により製品原価に集計され，製品が販売されるときに売上原価という費用になる。すなわち，発生した費用が直ちに期間費用とされるわけではない。発生費用は，費用収益対応原則のフィルターを通して期間費用として認識・測定されることになる。

3．原価主義の原則

> **損益計算書原則一A（一部）**
> すべての費用及び収益は，その支出及び収入に基づいて計上し，その発生した期間に正しく割当てられるように処理しなければならない。

原価主義の原則は，費用を過去，現在，将来期間の支出に基づいて測定することを要請する原則である。収益を収入に基づいて測定することとあわせて，取引価額の原則と呼ばれる。取引価額とは，市場で第三者との間で現実に行われる取引の対価のことであり，現金収支ばかりでなく債権債務の確定額を含む。

客観的に検証可能な収支に基づく原価主義会計は，出資者に対する「会計責任の明確化」と「処分可能利益の算定」という目的には適している。わが国の会計制度は，いわゆる「会計ビッグバン」により，原価主義会計から「投資情報の開示」を目的とする時価主義会計の方向へ軌道修正しつつあるといえる。

4．原価（費用）配分の原則

> **貸借対照表原則五（一部）**
> 　<u>資産の取得原価</u>は，資産の種類に応じた費用配分の原則によって，<u>各事業年度に配分</u>しなければならない。

　原価（費用）配分の原則は，狭義では，企業資本の投下額である取得原価を当期の費用と次期以降の費用（資産）とに合理的に配分することを要請する原則である。上記の規定は狭義の原価（費用）配分を述べている。広義には，負債性引当金の計上に伴う繰入額を費用とするときのように，将来の支出を当期の費用として配分することも含まれる。

　この原則の適用例としては，棚卸資産の評価法である先入先出法や後入先出法，有形固定資産の減価償却法である定額法や定率法をあげることができる。資産の種類に応じた原価（費用）配分の方法を用いることによって，費用を具体的に把握し，支出額に基づいて測定することができる。

III　費用会計の内容

　この節では，損益計算書の区分ごとに，費用の処理と表示の要点を具体的に述べる。

1．売上原価

　売上原価とは，販売した商品（製品）の仕入原価（製造原価）のことである。以下では，商品について述べるが，製品についても同様である。売上高から売上原価を控除した利益は売上総利益と呼ばれ，企業の取扱商品の収益力ないし競争力を表す。なお，売上原価が存在しないサービス業では，営業収益から提供する用役（サービス）の費用を控除して総利益とする。

　商品の棚卸減耗損や評価損を別にすれば，「期首商品棚卸高＋当期商品仕入高＝売上原価＋期末商品棚卸高」の関係が成立する。決算の段階では期首商品

棚卸高と当期商品仕入高は既知であるので，これを売上原価と期末商品棚卸高に分ける必要がある。その計算は，商品の数量と価格の要素別に行われる。

まず，商品の数量把握の方法には，継続記録法と棚卸計算法がある。払出しのつど記録をとる継続記録法は，正確な払出数量を確定できるが，実際の棚卸数量を把握できない。棚卸計算法の長短は継続記録法の逆である。

それゆえ，継続記録法により正確な売上原価を求め，棚卸計算法により実際の（架空でない）期末商品棚卸高を求めることが原則となる。このように2つの方法を併用すると，商品の保管中に紛失や目減りなどにより生じる棚卸減耗損も把握できる。重要性の乏しい商品については，簡便法として，棚卸計算法だけを使用することもある。

次に，商品の取得原価（ここでは価格）は，個別法，先入先出法，後入先出法，移動平均法，総平均法などの方法によって，払出数量と棚卸数量に割当てられる。個別法以外の方法は，仮定に基づく割当て計算法である。

個別法は，払い出した商品の実際の仕入価格を払出価格とする方法である。個別法は，次のような理由により，宝石や骨董品のような個々の特性に違いのある商品にのみ適用されてきた。

① 払出商品の仕入価格を，その商品に関連づけて記録する作業が膨大になる。

② 恣意的な払出しによる利益操作が行われやすい。

しかし，仕入ロットごとの価格と数量の管理を含む効果的な商品管理が，ICタグのようなIT（情報技術）を利用することにより可能になりつつある。そのような環境の下では，個別法に必要な「膨大な作業」は不要になる。個別法は，やがて，より広く利用されることになるかもしれない。

先入先出法は，取得した順に払い出すと仮定し，後入先出法は，逆に新しく取得したものから払い出すと仮定して，払出価格を決定する方法である。先入先出法の長短は次のとおりであり，後入先出法の長短は先入先出法の逆になる。

① 企業は，通常，古い商品から先に販売しているので，商品の現実の流れをよく反映する。すなわち，「原価の流れ」が「ものの流れ」に一致する。

② 商品の在庫が存在するとき,売上高に対応しない古い価格で売上原価を算出する。特に,価格上昇時には実物資本維持に適しない名目的な利益を計上する。

移動平均法は,商品を取得するたびに平均価格を算出しておいて,その価格を払出価格とする方法である。総平均法は,一定期間に取得したすべての商品の平均価格を払出価格とする方法である。これらの平均法における平均価格には,原則として,加重平均値を使用する。

最後に,期末棚卸商品に配分された取得原価が品質低下(破損など)や陳腐化(流行遅れなど)により失われたときは,適切な名称を付して商品評価損を計上する。これらの商品評価損は,棚卸減耗損とともに,原価性があると認められるときは,売上原価の内訳科目又は販売費とし,そうでないときは,営業外費用又は特別損失として表示する。

期末棚卸商品の時価が下落したときの評価損は,商品低価評価損と呼ばれる。商品低価評価損には,時価が取得原価より著しく下落したとき(その回復の見込みがある場合を除いて)強制的に計上されるものと,通常の時価下落時に低価法を選択したときに計上されるものがある。前者は,営業外費用又は特別損失とし,後者は,売上原価の内訳科目又は営業外費用として表示する。

2.販売費及び一般管理費

販売管理費の発生原因となる販売業務には,広告宣伝や注文の獲得と履行などの販売部門の活動が含まれ,一般管理業務には,総務,人事,経理,財務,研究開発などの部門の活動が含まれる。売上総利益から販売管理費を控除した利益は営業利益と呼ばれ,「主たる営業活動」すなわち本業の収益力を表す。
販売管理費の費目(費用の項目)には,販売手数料,荷造運搬費,広告宣伝費,給料手当,福利厚生費,退職給付費用,研究開発費,交際費,旅費交通費,通信費,水道光熱費,消耗品費,租税公課,減価償却費,雑費などの財や用役の消費にかかわるものが含まれる。さらには,既述のように,一定の条件を満たす貸倒損失や棚卸減耗損のような損失もこの区分に含まれる。

このように，販売管理費は多様な内容をもち，各費目を詳細に述べることができないので，その一般的な留意点を述べる。

　まず，費目の分類は，「何を消費したか」に基づく形態的分類と，「何のために消費したか」に基づく機能的分類とによっている。この費目分類の二重性は，「福利厚生のために消耗品を消費した」というようなケースで使用する費目の判断を難しくする。実際は，それぞれの企業において，費用処理の規定を作成して解決している。

　なお，雑費という費目は，他の費目に該当しない販売管理費を集める費目であるから，その内容は他の費目の決め方に依存する。

　次に，費目の名称が同じでも，原因となる活動区分が異なる場合は，適切な区分に表示しなければならない。たとえば，本社や営業所の建物の減価償却費は販売管理費であるが，工場建物の減価償却費は製造原価であり，投資不動産である建物の減価償却費は営業外費用である。また，売上債権から生じる不可避的な貸倒損失は販売管理費であるが，従業員貸付金の貸倒損失は営業外費用である。

　最後に，研究開発費については，一定の条件を満たすソフトウェア制作費を無形固定資産とすることができるが，それ以外のものは発生期間の費用として処理し，製造原価とされるものを除き一般管理費として表示する。

3．営業外費用，特別損失，及び法人税等

　営業外費用は，支払利息や社債発行差金償却のような財務費用と有価証券評価損や有価証券売却損のような投資費用からなり，企業の財務・投資構造が大きく変わらない限り，毎期比較的安定して発生する。

　営業利益に営業外収益を加え，営業外費用を控除して経常利益を表示する。経常利益は，企業の営業活動と財務・投資活動の両方の結果を反映する正常な収益力を表し，当期業績主義の利益に相当する。

　また，特別損失は，過年度減価償却不足額のような前期損益修正損と固定資産売却損，減損損失，災害損失のような臨時損失からなる。

経常利益に特別損益を加減して税引前当期純利益を表示し，これから当期に負担する法人税等の額を控除して当期純利益を表示する。当期純利益は，処分可能利益を計算しようとする包括主義の利益である。

なお，法人税等には，法人税，住民税，利益を課税標準とする事業税が含まれる。また，税効果会計を適用するときの法人税等調整額は，法人税等の額に加減される。法人税等の考え方には，費用説と利益処分説がある。現行の制度会計では，費用説に近い立場を採っているが，他の費用とは明確に区別している。

注

1) 新井清光著，加古宜士補訂『新版財務会計論（第7版）』中央経済社，2003年，p. 203。

（昆　誠一）

第4部

新しい会計制度

第12章

連 結 会 計
―連結財務諸表の輪郭―

I 連結財務諸表の必要性

　企業集団における「親会社」や「子会社」は、法律的には個々の企業として独立しているが、資本関係や経営活動（販売、購買、製造、管理等）においては、密接な関係があり、企業集団全体として日常の経営活動が行われている。
　そうであれば、当然のことながら、企業集団全体としての財政状態や経営成績又はキャッシュ・フローの情報等が必要となってくる。
　これらに応える情報が、「連結財務諸表」にほかならない。
　これにつき「連結財務諸表原則」では、次のように述べられている。
　最近、企業の側において「連結経営」を重視する傾向が強まるとともに、投資者の側からも、企業集団の抱えるリスクやリターンを的確に判断するため、「連結情報」に対するニーズが一段と高まっている（意見書二）。
　「連結財務諸表」は、「証取法会計」のみでなく、「商法会計」にも導入されているが、次のように、その体系が異なっている。

〔証取法会計における連結財務諸表〕
　　連結貸借対照表
　　連結損益計算書
　　連結剰余金計算書
　　連結キャッシュ・フロー計算書
　　連結附属明細表
　　　社債明細表
　　　借入金等明細表
〔商法会計における連結財務諸表（連結計算書類）〕
　　連結貸借対照表
　　連結損益計算書

なお，「証取法会計」では，中間決算においても「中間連結財務諸表」が制度化されている。

II　連結財務諸表の目的

「連結財務諸表」においては，次のようなことがわかる。

このようなことは，個別財務諸表では全くわからない。「連結財務諸表」を作ることによって，はじめて明確になる。

〔連結財務諸表を作ることによって明確になること〕
① 粉飾決算をしていないかどうかがわかる。
② 正確な投資効率を把握することができる。
③ 財務諸表の正確な比較が可能となる。
④ 経営活動の真の実態を把握することができる。

これらについて，少し具体的に説明してみよう。

第12章 連結会計

1．粉飾決算の予防的効果

「連結財務諸表」を作ることにより，次のような観点から，収益や利益を過大に計上することとなる，いわゆる「粉飾決算」を予防することができる。

(1) 押込売上の相殺消去による消滅

親会社が子会社に対して，いわゆる「押込売上」を行い，個別財務諸表において多額の「売上高」と「売上総利益」を計上したとしても，「連結財務諸表」を作ることにより，それらは「内部取引」なので，相殺消去されて消滅する。

(2) 固定資産譲渡益等の未実現利益の消去による消滅

親会社が子会社に対して，固定資産を譲渡して，個別財務諸表において多額の「固定資産譲渡益」を計上したとしても，「連結財務諸表」を作ることにより，それらは「内部取引」なので，「未実現利益」は消去されて消滅することになる。

以上からも明らかなように，「連結決算」においては，次のような手続が行われるので，「内部取引」や「未実現利益」は，相殺消去されて「消滅」することになる。

① 親会社の「投資勘定」と子会社の「資本勘定」の相殺消去
② 連結会社相互間の「債権」と「債務」の相殺消去
③ 連結会社相互間の「取引高」の相殺消去
④ 「未実現利益」の消去

2．正確な投資効率の判断資料

親会社の子会社に対する投資についての「投資効率」を，具体的に判断する資料としては，「連結財務諸表」が最上のものとされている。

親会社の子会社に対する投資についての決算日における「投資効率」は，次により判断することができる。

① 投資価値の判断

「投資価値」は，連結貸借対照表により判断することができる。

② 投資業績の判断

「投資業績」は，連結損益計算書により判断することができる。

たとえば,「連結財務諸表」を作成した場合に,総資産,売上高及び利益の額が,親会社の「個別財務諸表」のそれより多額であるならば,「投資効率」は良好とみてよい。

それとは逆に,それらが減少するならば,「投資効率」は良好とはいえない。

3．財務諸表の比較性の保証

財務諸表の比較性は,個別財務諸表のみでは必ずしも十分ではなく,「連結財務諸表」により,それは保証されるといわれている。

各企業の子会社対策は,千差万別であり,多種多様といえる。

ある企業は,子会社対策について積極策を採り,いくつかの子会社を設立して集団化体制を進め,また,ある企業は,反対に消極策を採り,子会社を全く設立しない場合もあろう。

このような場合に,両社の個別財務諸表を,単純に比較してみても,全く無意味のものとなり,比較性が保証されないこととなる。

たとえば,外部への販売をすべて子会社に依拠している企業と,そうではなく,外部への販売をすべて自社で行っている企業の個別財務諸表を,そのまま単純に比較しても意味のないものとなるはずである。

すなわち,前者の個別財務諸表に,外部への販売を行っている子会社の個別財務諸表を合算することにより,比較性が得られることになる。

簡単にいうと,前者の個別財務諸表に,子会社の個別財務諸表を合算することが,「連結決算」であり,その結果作成されるものが「連結財務諸表」といえるのである。

4．経営活動の真の実態の明瞭表示

財務諸表とは,その企業の購買,製造,販売,財務に関するすべての活動結果を,総合的に明瞭に表示するものでなければならない。

たとえば,外部への販売活動のすべてを,子会社に依拠している親会社の個

別財務諸表のみによっては,販売活動の実態を,明確に理解することはきわめて困難といわざるをえない。

この場合,販売活動を明確に理解できるようにするためには,親会社の個別財務諸表に,子会社の個別財務諸表を合算して「連結財務諸表」を作成しなければならない。

すなわち,このような「連結財務諸表」は,企業の真の経営活動の実態を明瞭に表示することになろう。

III 連結財務諸表の作成方法

「連結財務諸表」は,次のようにして作成する。

「連結財務諸表」は,連結対象会社のそれぞれの「個別財務諸表」を「タシ算」して,それから「ヒキ算」をして作る。したがって,そんなにむずかしいものではない。

ここにいう「タシ算」とは,いわゆる「合算の手続」で,連結対象会社のそれぞれの「個別財務諸表」を,「勘定科目」ごとに合計して「合計金額」を計算することをいう。そのために「個別財務諸表」の「勘定科目」を整理したり統合したりする必要がでてくる。

これらの「合算の手続」は,きわめて簡単なことであるが,説明の必要はないだろう。

次に行う「ヒキ算」とは,上記の「合計金額」から,次の「内部取引」や「内部損益」を「相殺消去する手続」をいう。

ここに「内部取引」とは,連結対象会社相互間における諸取引をいい,「内部損益」とは,内部取引によって生じた損益をいう。

上記の「合計金額」から,「内部取引」や「内部損益」の金額を控除すると,控除後の金額は,連結対象会社と連結対象会社外(連結グループ外)との取引高又は損益となる。

第4部　新しい会計制度

```
連結対象会社         　　　　　　　 連結対象会社と連
の個別財務諸  －  内部取引  ＝  結対象会社外との  ⇨  連結財務諸表
表の合計金額      内部損益     取引高及び損益
```

「内部取引」や「内部損益」を「相殺消去する手続」を，一般に「連結消去仕訳」と呼んでいる。

「連結消去仕訳」は，たいへん複雑なものであるが，次の6つに要約することができる。

〔6つの連結消去仕訳〕

(1)　資本連結のための相殺消去仕訳

　親会社の「投資勘定」と対応する子会社の「資本勘定」を相殺消去する。両者に差額があれば，「連結調整勘定」が計上されることになる。

(2)　債権債務の相殺消去仕訳

　連結対象会社相互間のA社とB社において，債権と債務となる取引（たとえば，A社の売掛金とB社の買掛金となる取引等）は，まさに「内部取引」であるので，相殺消去する。

　これらの債権債務については，1つの取引であり，原則として，両者に差額がでることはない。

(3)　収益費用の相殺消去仕訳

　連結対象会社相互間のA社とB社において，収益と費用となる取引（たとえば，A社の受取利息とB社の支払利息となる取引等）は，まさに「内部取引」（内部損益）であり，相殺消去する。

　これらの収益と費用については，1つの取引なので，原則として，両者に差額がでることはない。

(4)　未実現損益の消去仕訳

　連結対象会社相互間のA社とB社における取引により生じた「内部損益」は，連結ベースでは実現した損益とはみられないため，消去する。

　連結決算における損益は，連結対象会社外（連結グループ外）との取引における損益のみを「実現損益」と認識する。

(5) 税効果会計のための修正仕訳

「連結財務諸表における税効果会計」も基本的には、「個別財務諸表の税効果会計」と同様である。

すなわち、会計基準の取扱いと法人税法の取扱いの差異のうち、「一時差異」のみを対象として「税効果会計」を適用する。

連結ベースにおける「一時差異」としては、おおむね次のようなものが考えられよう。

〔連結ベースにおける一時差異〕
① 未実現損益
② 内部取引に係る貸倒引当金
③ 連結子会社に対する親会社の投資損益
④ 連結子会社の連結加入時の資産負債の評価損益
---

(6) 利益処分に係る相殺消去仕訳

「利益処分」における「配当」や「役員賞与」についても、それが「内部取引」に該当する場合には相殺消去しなければならない。

たとえば、連結対象会社相互間のA社からB社への「配当」が、これに該当する。

これらの相殺消去については、次のいずれかによることになる。

① 確定方式

「確定方式」とは、当該連結会計期間において「確定した利益処分」（前期の会計期間の損益に係る利益処分）を基礎として連結決算を行う方法である。

② 繰上方式

「繰上方式」とは、当該連結会計期間の損益に係る利益処分を基礎として連結決算を行う方法である。

すなわち、翌期に行われる当期の利益処分を「当期に繰上げ」して連結決算を行うことになる。

以上を要約して簡単に図解すると、次のようになろう。

第4部 新しい会計制度

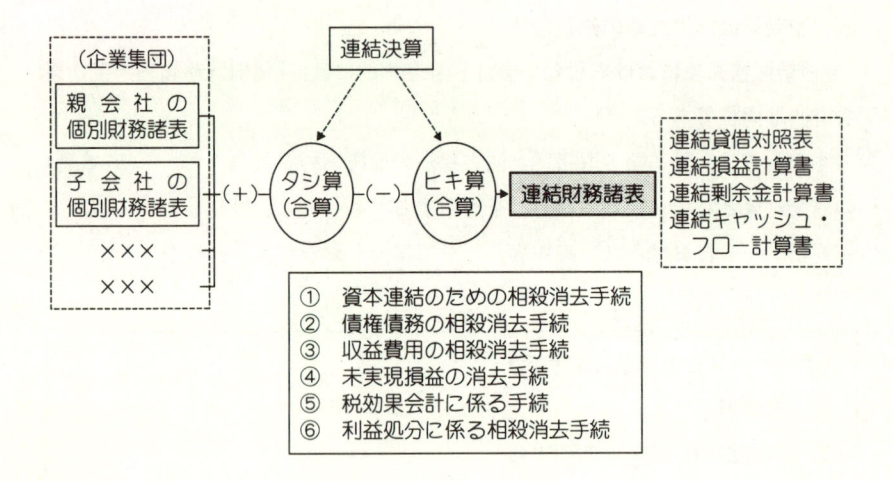

```
(企業集団)              連結決算
┌─────────┐
│親会社の  │        ┌─────┐   ┌─────┐
│個別財務諸表│       │タシ算│   │ヒキ算│
├─────────┤ (+)   │(合算)│(−)│(合算)│  ┌──────┐   連結貸借対照表
│子会社の  │       └─────┘   └─────┘  │連結財務諸表│  連結損益計算書
│個別財務諸表│                              └──────┘   連結剰余金計算書
│  ×××   │                                            連結キャッシュ・
│  ×××   │                                            フロー計算書
└─────────┘
```

① 資本連結のための相殺消去手続
② 債権債務の相殺消去手続
③ 収益費用の相殺消去手続
④ 未実現損益の消去手続
⑤ 税効果会計に係る手続
⑥ 利益処分に係る相殺消去手続

IV 全部連結と部分連結

「連結財務諸表」は，上述したように，子会社の資産，負債及び損益のすべて（全部）を対象として作成する。

したがって，「全部連結」といわれている。

これに対して，「部分連結」と呼ばれるものがある。いわゆる「持分法」といわれる方法である。

すなわち，親会社（正確には「投資会社」）の非連結子会社及び関連会社の投資額（持分）について，連結決算日ごとに，業績の変動に基づいて，その投資額を修正することになる。

したがって，「原価法」と異なることになる。

「持分法」は，非連結子会社及び関連会社の「持分損益」のみを「計算」（連結）するので，上記のように「部分連結」といわれている。

その計算に係る手法は，基本的には「連結決算の手続」に準ずることとなる。

（齋藤　奏）

第13章

キャッシュ・フロー会計

I キャッシュ・フロー会計の導入

　ここ数年来，日本における会計制度は急速な変革を遂げているが，今回の変革は，会計における「フリー・フェアー・グローバル」化を目的としているということができ，平成11年4月1日以後開始する事業年度から実施されることになった。基本財務諸表としての「連結キャッシュ・フロー計算書」もそのような目的をもっているということができる。本章は「連結キャッシュ・フロー計算書」，「資金計算書」について，主に資金概念に限定した上で，この計算書がアメリカ合衆国（以下，「アメリカ」という場合，「アメリカ合衆国」を指す）において発展してきた過程を歴史的にたどることにより，資金計算書における資金がどのように変化してきたのか，なぜそのような変化をしてきたのか，あるいは，現在の資金概念が，なぜ「現金及び現金同等物」とされているのかを明らかにし，日本における「連結キャッシュ・フロー計算書」において「現金及び現金同等物」として規定されている「資金の範囲」について，若干の解説を述べる。

II　アメリカにおける企業会計の歴史的変遷

　アメリカにおいては，1920年代から1930年代まで，銀行等，債権者に債務弁済能力を明らかにする目的から，資産の評価は売却時価で行われていた。しかし，1929年の大恐慌以後，企業の倒産が相次ぎ，一般投資家（社債権者・一般株主）が大きな被害を被ったため，会計目的が一般投資家保護のための収益力の表示へと移行し，それ以後，資産の評価は取得原価により行われることになった。この取得原価主義に修正をもたらしたのは，第2次世界大戦以後顕著になったインフレ経済であった。終戦後1970年代までの時期，アメリカにおける会計界では，インフレによる貨幣価値変動の影響を除去する目的から，取得原価の修正を目的とする時価主義が主張され，1979年，「アメリカ財務会計基準審議会」FASB (Financial Accounting Standards Board) は，「財務会計基準書第33号」SFAS33 (Statement Financial Accounting Standards No.33)「財務報告と物価変動」(Financial Reporting and Changing Prices) を公表し，補足情報として物価変動による時価情報の開示を要求した。しかし，1981年，ロナルド・レーガン（Reagan, R.D.）が大統領に就任し，彼の経済再生計画が功を奏し，インフレが抑制されると，物価変動に関する情報の強制開示は幕を閉じることになった。このような動きは，1970年代ごろまでの固定資産の存在，減価償却費が会社利益に与える影響を考慮したものとみることができる。

　しかし，1980年代ごろから金融商品の種類や量が増え，その存在が大きくなり，金融商品が会社利益に与える影響が大きく取りざたされるようになった。このような金融商品は，将来金銭で回収し，あるいは金銭で支払うものであるため，その評価は将来の予測を反映させる必要があり，世界に先駆け，アメリカでは金融商品を公正価値で評価することとした。このようなことから，1980年代以後の時期は，金融経済という将来予測を必要とする経済が到来した時期であり，将来事象を原因とする時価主義会計が進行した時期とみることができる。

　このように，歴史的な考察をしてみると，経済状態の変動は企業会計の分野

第13章 キャッシュ・フロー会計

に少なからずとも変革をもたらしていることがわかる。したがって，アメリカにおける会計制度，あるいは会計基準がなぜそうなっているのかを知るためには，それらを歴史的に経済状態と照らし合わせて考察する必要がある。Ⅲ以下では，資金情報に関する報告書の資金概念を，その時々の経済状態と照らしあわせて考察することにより，資金概念がどのように変化してきたのか，なぜそのような変化をしてきたのかを明らかにしたい。

Ⅲ アメリカのキャッシュ・フロー計算書以前のキャッシュ概念

アメリカにおいて資金運用表が書物において紹介されるようになったのは20世紀初頭のことである。この時期，この国では企業合同による巨大企業が誕生しつつあり，この企業合同は企業内部における資金の調達源泉と運用形態をわかりづらいものとしていた。そこで，比較貸借対照表の変化に着目した初期の資金計算書が，このような情報を提供するものとして注目されるようになった。染谷恭次郎教授によれば，この時期，このような資金計算書を著書として紹介したのがコール（Cole, W. M.）であった。彼がその著書『会計－その作り方と見方』(1908) において示した Where got, Where gone Statement は比較貸借対照表の変化を明瞭に示すために工夫されたものであり，2時点間の負債と資本の増加及び資産の減少が資金の源泉として，また，同時点間の負債と資本の減少及び資産の増加が資金の使途として考えられていた。

その後，1920年代，フィネー（Finney, H. A.）が，比較貸借対照表の変化に着目した資金計算書の中から，運転資本の増減を資金の源泉又は使途の1項目として示した資金計算書を紹介し，その後，ブリス（Bliss, J. H.）が，資金源泉の部の合計金額（運転資本への付加）と資金使途の部の合計金額（運転資本からの引出）との差引残高として運転資本の増加額を表す資金計算書を示した。これらフィネー，ブリスが示した資金計算書は，ともに財政状態の変化を表示しようとするものであった。

ブリス以後，クンゼ（Kunze, H. L. 1940），マイヤー（Myer, J. N. 1941）などが

運転資本を資金概念とする資金計算書を資金計算書の一形体として示している。彼らは，財務取引の大部分は運転資本に影響するから，運転資本変化の原因を要約することによって，流動状態の変化を生じさせた財務活動を明らかにしようとした。このように，フィネー，ブリス以後，資金計算書の作成目的は従来の財政状態の表示から，流動状態の表示へと変化していった。これは，従来の目的に，短期の支払能力，財務流動性の表示という目的が加わったために起きたものとみることができる。そして，これ以後，1940年代から1950年代にかけて，アメリカにおける会計界では，運転資本を資金概念とする資金計算書が急速に認知されるようになった。

　しかし，このような中，この時代，その後の資金計算書の発展に重大な影響を与える3つの動きがあった。第1に，運転資本を資金とする資金計算書からは，運転資本を伴わない重要な財務活動がこの表から除かれてしまうというゴールドバーグ（Goldberg, L.）などによる批判であり，第2にムーニッツ（Moonitz, W.）が「在庫品と資金運用表」という論文の中で当座資金を資金概念とする資金計算書を報告していることであり，第3に，バッター（Vatter, W. J.）が『資金理論とその財務報告のための意義』という著書で，今日の企業実体論による『企業実体の利益』が実際に存在しない人格にのみ関連し，「投資家は企業実体の利益数字をその構成要素に分析し自分の立場に適合するように必要な修正をすることによって利益の数字を解釈しなければならない」とし，「利益計算の限界」「利益再計算の必要性」を述べていることである。

　このうち第1の，長期借入金による固定資産の購入等，運転資本の変化を伴わない重要な取引が記載から除かれるという批判の下，「アメリカ公認会計士協会」AICPA（American Institute of Certified Public Accountants）は，1961年，「会計調査研究報告書第2号」（Accounting Research Study No. 2）「キャッシュ・フロー分析と資金計算書」("Cash Flow" Analysis and The Funds Statements）を，また，1963年，AICPAの「会計原則審議会」APB（Accounting Principles Board）は，「会計原則審議会意見書第3号」（Accounting Principles Board Opinion No. 3）「資金の源泉と使途に関する計算書」（The Statement of Source and Application of Funds) を出し，意見書第3号では，資金計算書における資金は「全財政資源」とすべきであるとされた。

しかし，APBが1971年最終的にまとめた「会計原則審議会意見書第19号」(Accounting Principles Board Opinion No.19)「財政状態変動の報告」(Reporting Changes in Financial Position) では，すべての財政状態に関する変動を示すべきであるという立場を堅持しながら，必ずしも意義が明瞭でない「全財政資源」という用語の使用をやめ，運転資本又は現金資金概念が資金計算の中心であることを暗黙に認めた。

Ⅳ アメリカのキャッシュ・フロー計算書におけるキャッシュの取扱い

このように，運転資本として定着した資金概念に対して，信用分析，支払能力の立場から批判が行われた。たとえば，ヒース (Heath, L.C. 1978) は，財政状態変動表において資金概念として採用されている運転資本に対し，「流動負債は流動資産によって返済されない。流動負債は現金によって支払われる」とし，「支払能力は，企業が現金を必要とする場合に，どのような方法であれ，現金を調達する能力に依存する」と述べ，支払能力の立場から現金収支計算書の必要性を論じている。彼は，信用条件の長期化などによる報告利益と現金収支との不一致の拡大が業績評価としての利益額への信頼を失わせているとして「現金を資金概念とする資金計算書」の必要性を論じている。

このような批判の下，FASBは19号の見直しを進め，幾度かの概念ステートメントを経て，最終的に，1987年11月，「財務会計基準書95号」(Statements of Financial Accounting Standard No.95)「キャッシュ・フロー計算書」(Statement of Cash Flows) を公表し，財政状態変動表による資金情報の開示は終焉をむかえた。

基準書95号では，財政状態変動表における資金の多様性から生じる比較可能性の欠如等実務上の問題が生じており，資金の多様性の原因として，この変動

表における明確な作成目的の欠如が指摘された。そして、同号は、これに代わるキャッシュ・フロー計算書の主要目的は、一期間における企業の現金受領額及び現金支払額に関連する情報を提供することであるとし、この計算書の資金は「現金及び現金等価物」とした。さらに、提供されるこれらの情報は、他の財務諸表の関連する開示及び情報と併用する場合には、投資家、債権者及びその他の者が、次のような評価を行うために役立つものでなければならないとして、その必要性を述べている。(a)プラスの将来の正味キャッシュ・フローを生み出すその企業の能力の評価、(b)債務を支払い、配当を支払うその企業の能力、及び外部資金調達の必要性の評価、(c)純利益とそれに係る現金受取額及び支払額との差額の理由の評価、さらに(d)その期中の現金と非現金との両方の投資及び財務取引が企業の財務状態に及ぼす影響の評価。これら4つの評価は、投資家、債権者の立場に立てば、この計算書の利用目的として考えることができる。

　ここでは、(a)についてのみ説明しておく。(a)企業が将来においてプラスの正味キャッシュ・フローを生み出す能力の評価については、たとえば、「トゥルーブラッド報告書（「財務諸表の目的」）(Objectives of Financial Statements, 1970, AICPA)が参考になる。報告書は、財務諸表の目的の1つは、企業の収益力を予測し、比較し、そして評価するのに有益な資金運用表を提供することであるとし、「資金運用表は、重要な現金的結末をもつ企業取引、あるいは、そうなると期待される企業取引の事実関係を主として報告しなければならない」としている。そして、報告書は、企業の収益力とは「将来の現金を造出する能力」であるとしている。この(a)の必要性が、■で述べた、バッターによる投資家のための「利益の再計算」の必要性、「利益計算の限界」を認識し、投資家による業績評価のための有用な情報として「将来の現金を造出する能力」を示そうとするものである。

　アメリカにおける「キャッシュ・フロー計算書」の導入と時を同じくして、あるいは導入後、カナダ、イギリス、オーストラリアなど多くの国でこの計算書が基本財務諸表として導入され、また、「国際会計基準委員会」IASC (International Accounting Standards Committee) は、1992年12月、「改定国際会計

基準第7号」(International Accounting Standard Revised)「キャッシュ・フロー計算書」を公表した。

Ⅴ 日本のキャッシュ・フロー計算書におけるキャッシュの範囲

アメリカにおいて，貸借対照表を分析する手段として生成発展してきた初期の資金計算書は，1930年代，日本においても紹介されたが，日本において，資金計算書の必要性が論じられたのは，終戦後，急激にインフレーションが進行した時期であった。

政府は，昭和28年8月27日の大蔵省令第74号「有価証券の募集又は売出の届出等に関する省令」において，有価証券届出書または有価証券報告書に(1)最近の金繰実績，(2)今後の資金計画を記載しなければならないとした。これにより，届出書等を提出する会社は，「金繰実績」を報告することになった。この金繰状況（金繰実績）を示す報告書が日本における最初の資金計算書である。そして，この報告書における資金概念は，「現金及び預金」であった。「金繰状況」の規定は，その後，昭和46年6月1日の大蔵省令第32号において，「資金繰状況」と改められたが，内容については大きな変化はなく，資金概念もこれまで同様，変化はなかった。

その後，大蔵省は，昭和62年2月20日付けで大蔵省令第2号として「有価証券の募集又は売出しの届出等に関する省令」の一部を改正した。この省令の改正により，「資金繰状況」に関する規定は，「資金収支の状況」に改められた。この「資金収支の状況」に関する規定では，新たに資金収支の概念や資金収支表の区分表示及び表示様式が定められた。そして，「資金収支とは，資金概念のことであり，財務諸表規則第15号第1号の現金及び預金と，同条第4号の有価証券，つまり市場性ある一時所有の有価証券をいう」と規定された。この「資金収支の状況」に関する規定は，その後，資金情報に関する規定が「連結キャッシュ・フロー計算書等の作成基準」(1999年4月1日以後開始する事業年度から実施)に移行するまで効力を有していた。

このように，日本においては，終戦後の急激なインフレーションが進行した時期，運転資本が不足する企業が増加したため，資金情報が開示されることになったが，高度経済成長の時代に入ると企業の資金も系列融資等，銀行貸付により不足することはなくなり，したがって，資金情報の開示に大きな変化はなかった。

　このような経済状態に変化をもたらしたのは，バブル経済の進行とその崩壊であった。1990年代初頭のバブルの崩壊以後，銀行は不動産に関連する融資，あるいはノンバンクに対する融資等，不良債権を抱え，またさらなる不良債権の増加による自己資本比率の悪化を恐れ，貸し渋り傾向にあり，企業の中には，利益を上げながらも融資を断られ，資金繰りがつかず，倒産に追い込まれるものもでてきた。このような状況において，債権者や投資家にとって，企業の利益情報だけでなく，キャッシュ・フロー情報も融資，あるいは投資情報として重要になり，報告書（基本財務諸表）としてのキャッシュ・フロー計算書が必要とされるようになった。また，Ⅳで述べた，世界的なキャッシュ・フロー計算書の導入も日本における計算書の導入を後押ししているといえる。

　このようなバブル崩壊の影響，国際的な流れを受け，1998年3月，日本においても，企業会計審議会から，「連結キャッシュ・フロー計算書等の作成基準」が公表され，1999年4月1日以後開始する事業年度から，キャッシュ・フロー計算書が基本財務諸表として導入されることになった。

　「連結キャッシュ・フロー計算書の作成基準」は連結キャッシュ・フロー計算書について，「企業集団の一会計期間におけるキャッシュ・フローの状況を報告するために作成されるものである」とし，この計算書における資金（キャッシュ）の範囲は，「現金及び現金同等物」としている。しかし，資金がなぜ「現金及び現金同等物」なのかなど，それ以上のことは何も述べていない。私見を述べれば，グローバル・スタンダードとしての資金概念を意識したものであり，また連結キャッシュ・フロー計算書の導入背景を考えると，支払能力の表示を意識したものとみることができる。

　そこで，日本におけるキャッシュ・フロー計算書の課題として，アメリカに

おける計算書同様，計算書の作成目的，あるいは利用目的を明らかにする必要がある。この場合，特に研究が必要と思われる目的が，プラスの将来の正味キャッシュ・フローを生み出すその企業の能力の評価を行うのに有用な情報の提供であり，この下地になっているバッターが指摘している「利益計算の限界」であり，投資家による「利益の再計算」である。投資家が必要とする情報がどのようなものであり，キャッシュ・フロー計算書がどのようにこれらの情報を提供しているかを研究する必要がある。キャッシュ・フロー計算書の区分表示の答えもここにあるように思われる。

参考文献

- バッター著，飯岡　透・中原章吉共訳『資金会計論』同文舘出版，1971年。
- Vatter, W. J., The Fund Theory of Accounting and Its Implications for Financial Reports (Chicago：University of Chicago Press) 1947.
- アメリカ公認会計士協会編，川口順一訳『財務諸表の目的』同文舘出版，1976年。
- American Institute of Certified Public Accountants, *Objective of Financial Statements：Report of the Study Group on the Objectives of Financial Statements,* 1970.
- 染谷恭次郎『キャッシュ・フロー会計論』中央経済社，1999年。
- 武田安弘「わが国における資金会計の発展（Ⅲ）」，『地域分析』Vol.24, No.1，愛知学院大学経営研究所，1986年。
- 日本公認会計士協会国際委員会訳「アメリカ財務会計基準審議会　財務会計基準書第95号　資金計算書」日本公認会計士協会。
- Financial Accounting Statements Board, *Statement of Financial Accounting Standards No. 95,* "Statement of Cash Flows", 1987.
- 企業会計審議会「連結キャッシュ・フロー計算書等の作成基準」1998年。
- 鎌田信夫・藤田幸男共訳『ヒース財務報告と支払能力の評価』国元書房，1982年。
- Heath, L. C., *Financial Reporting and the Evaluation of Solvency,* Accounting Research Monograph No.3, AICPA, 1978.

（松本　康彦）

第14章

税 効 果 会 計

I 税効果会計の導入

　税効果会計を導入する以前においては，法人税の会計は，税務上の規定に従い計算された税額を損益計算書に計上するという方式（納税額方式）であったが，この方式では，税引前当期利益と法人税等の適切な対応がなされず，企業会計の目的である経営成績を適正に表示し，投資家等の利害関係者への情報機能としての役割が不十分であった。このような背景から，税効果会計は新たな会計基準として，平成11年4月1日以後開始事業年度より，本格的に全面適用されたのである。

II 税効果会計の概要

　税効果会計（Tax Effect Accounting）とは，企業会計上の資産又は負債の額と税法上における課税所得計算上の資産又は負債の額とに相違がある場合において，企業利益に課税される法人税や法人事業税などを適切に期間配分することにより，法人税等を控除する前の当期純利益（税引前当期純利益）と法人税等を合理的に対応させる会計処理方法である。

　すなわち，企業会計上の収益又は費用と税務上の益金又は損金が，同じであ

る場合には，企業会計上の税引前当期利益と税務上の課税所得とが等しくなり，差異は発生しないが，通常税務上の規定により，税引前当期利益と課税所得は異なっているために，両者には差異が生じることとなる。課税所得に基づいて計算された納付税額をそのまま税引前当期利益から差し引いてしまうと，企業会計上の税引後利益（当期純利益）が歪んでしまうために，合理的に対応するために調整を行わなければならない。したがって，企業会計上の税引前当期利益に対応する法人税等を求めるために，法人税等調整額という科目を用いて，法人税等の額にプラス又はマイナスの調整が必要になるのである。

また，税効果会計は，商法及び証券取引法においても強制されているため，個別財務諸表（中間財務諸表を含む）及び連結財務諸表（中間財務諸表を含む）に適用される。

III 税効果会計の構造

1. 一時差異と永久差異

企業会計上と税務上との間には，それぞれの目的の違いにより差異が生じることとなり，この差異には「一時差異」と「永久差異」とがある。

一時差異とは，企業会計と税務上との単なるタイミングのずれにより発生する差異で，将来的にはその差異は解消されるものである。一時差異には，減価償却限度超過額，引当金繰入限度超過額，棚卸資産評価損否認額，有価証券評価損否認額，貸倒損失否認額，利益処分による準備金等があげられる。

永久差異とは，企業会計上は費用又は収益として計上されるが，税務上の計算では，永久に損金又は益金に算入されない差異である。永久差異には，交際費の損金不算入，寄附金の損金不算入，役員賞与の損金不算入，租税公課の罰科金等の損金不算入，受取配当金の益金不算入等があげられる。このように将来にわたっても解消しない差異は，税効果会計の対象とはならないのである。

2．適用税率

　税効果会計で適用される税率は，該当する会社ごとに，連結決算日又は子会社の決算日現在における税率を適用することとなる。

　もし，税制改正が当該決算日まで公布されている場合には，改正後の税率を適用することになる。この税率は，繰越外国税額控除に係る繰延税金資産を除き，法定実効税率が用いられる。

$$法定実効税率 = \frac{法人税率 \times (1 + 住民税率) + 事業税率}{1 + 事業税率}$$

3．会計処理方法

　税効果会計の会計処理の方法には，繰延法と資産負債法がある。当初，税効果会計は繰延法を採用していましたが，現在の国際的な流れは資産負債法へと移り変わってきており，連結財務諸表にかかる税効果会計のうち未実現損益の消去については，繰延法が採用されているが，わが国においては，基本的に資産負債法を採用している。

(1) 繰延法

　繰延法は，会計上の収益又は費用の額と税務上の益金又は損金の額との差異に重点が置かれ，当該差異を「期間差異」と「永久差異」に区分して，期間差異について税効果を認識しようとするものである。その期間差異について，発生した年度の当該差異に関する税金負担額又は税金軽減額を差異が解消される年度まで，貸借対照表上，繰延税金資産又は繰延税金負債として計上される方法である。

　この場合，適用される税率は，期間差異が発生した年度の課税所得に適用された税率となり，将来の税制改正による税率の変更による再計算は行われない。このように繰延法は，損益計算書を中心とした実績主義の考え方のため，貸借対照表の観点からの検討により，資産性，負債性に弱い点がある。

(2) 資産負債法

　資産負債法は，会計上の資産又は負債の額と税務上の資産又は負債の額との差異に重点が置かれ，当該差異（一時差異）は，会計上の資産又は負債が，将来に回収又は決済されるなどして，一時差異が解消されるとき，税金を減額又は増額させる効果があることから，発生年度に将来の税金の軽減額又は支払額を繰延税金資産又は繰延税金負債として計上する方法である。

　この方法では，税制改正による税率の変更があった場合，将来にむかっての資産性，負債性に重点を置いている立場から，繰延税金資産又は繰延税金負債の再計算を行うことになる。

Ⅳ　個別財務諸表における税効果会計

1. 将来減算一時差異と将来加算一時差異

　一時差異には，当該一時差異が将来解消するときに，その期の課税所得を減額させる効果をもつ将来減算一時差異と，当該一時差異が将来解消するときにその期の課税所得を増額させる効果をもつ将来加算一時差異とに分類される。

　将来減算一時差異には，貸倒引当金の損金算入限度超過額，減価償却費の損金算入限度超過額，損金に算入されない棚卸資産等に係る評価損などが挙げられ，これら将来減算一時差異の発生した期に，法定実効税率を乗じた金額は，税金の前払効果を有することから「繰延税金資産」として，貸借対照表上に資産として計上されるとともに，損益計算上，「法人税等調整額」として計上する。

将来減算一時差異×法定実効税率＝繰延税金資産
　（借）繰 延 税 金 資 産　　×××　　　（貸）法人税等調整額　　×××

　また，将来加算一時差異には，利益処分による圧縮積立金・特別償却準備金，その他租税特別措置法上の準備金などがある。これら将来加算一時差異の発生した期に，法定実効税率を乗じた金額は，税金の繰延効果を有することから，「繰延税金負債」として，貸借対照表上に負債として計上されるとともに，損

益計算書上に「法人税等調整額」として計上される。

```
将来加算一時差異×法定実効税率＝繰延税金負債
（借）法人税等調整額　　×××　　（貸）繰延税金負債　　×××
```

　また，この他に一時差異そのものではないが，一時差異に準ずるものとして税務上の繰越欠損金，外国税額控除限度超過額がある。

　税務上の繰越欠損金は，繰越欠損金が生じた場合，翌期以降，利益が生じても繰越欠損金の範囲において減額する効果があり，発生年度の貸借対照表上に繰延税金資産を計上することになる。また，外国税額控除限度超過額は，3年以内に発生する外国税額控除余裕額を限度として税額控除が認められ，将来の税金の減額要素であり，繰越欠損金と同様に繰延税金資産を計上できるものとなる。

2．繰延税金資産の回収可能性と繰延税金負債の支払可能性

　繰延税金資産の計上については，将来の税額を減少させる効果があるかどうかその回収可能性を十分に検討しなければならないとされている。この場合，将来減算一時差異に係る繰延税金資産の計上が認められるか否かは，次の要件のいずれかを満たすかによって判断される。

(1) 収益力に基づく課税所得の十分性
- 将来減算一時差異の解消年度及びその解消年度を基準として税務上認められる欠損金の繰戻・繰越可能期間に，課税所得が発生する可能性が高いと見込まれること。
- 税務上の繰越欠損金の繰越期間に，課税所得が発生する可能性が高いと見込まれること。

(2) タックスプランニングの存在
- 将来減算一時差異の解消年度及び繰越欠損金の繰越期間に，含み益のある固定資産又は有価証券を売却するなど，課税所得を発生させるようなタックスプランニングが存在すること。

(3) 将来加算一時差異の十分性

　　将来減算一時差異の解消年度及び繰戻・繰越期間に，将来加算一時差異の解消が見込まれること。

　繰延税金負債の計上についても，支払が行われると見込めるか見込まれないかの支払可能性を判断することとなる。支払が行われると見込まれない場合については，事業の休止等により，会社が清算するまでに明らかに将来加算一時差異を上回る損失が発生し，課税所得が発生しないことが，合理的に見込まれる場合と解釈される。

V　連結財務諸表における税効果会計

1．連結財務諸表固有の一時差異

　税効果会計は，個別財務諸表だけではなく，連結財務諸表においても適用される。連結財務諸表を作成するにあたっては，親会社の個別財務諸表と子会社の個別財務諸表とを単純合算したものを基礎としているので，個別財務諸表で税効果会計が適用されているために，一時差異は発生しない。しかし，連結会社間で行われた取引が存在するために，連結修正仕訳を行わなければならない。その結果，連結貸借対照表に計上されている資産及び負債の額と各連結会社の税務上の資産及び負債の額との間に，連結特有の一時差異が生じるために税効果会計の対象となる。

　税効果会計意見書において，以下のような場合に発生すると例示されている。
① 資本連結に際し，子会社の資産及び負債の時価評価により評価差額が生じる場合
② 連結会社相互間の取引から生ずる未実現損益を消去した場合
③ 連結会社相互間の債権と債務の相殺消去により貸倒引当金を減額修正した場合

2．未実現利益の消去における税効果会計

　連結会社間の取引によって，原材料や商品などの棚卸資産や固定資産その他の資産に含まれる未実現利益が生じる。連結財務諸表作成にあたり，このような連結会社間取引により発生した未実現利益は，連結修正仕訳により消去しなければならない。未実現利益の消去に伴い，連結貸借対照表上の資産計上額と販売した会社の個別貸借対照表上の資産計上額とに差異が生じることとなり，税効果会計が適用される。

3．貸倒引当金の調整における税効果会計

　連結会社間取引において，売掛金や受取手形等の売上債権は，連結財務諸表を作成するにあたり，内部取引であるために債権債務の相殺消去が行われる。そのため消去された売上債権に設定されていた貸倒引当金については，減額修正しなければならない。

　減額修正に伴い貸倒引当金が，個別財務諸表で損金算入が認められたものである場合には，連結貸借対照表上の資産は，税務上の資産より大きくなり，将来加算一時差異が生じる。したがって，貸倒引当金の減額修正分について税効果会計を適用して繰延税金負債を計上することとなる。

4．子会社の資産・負債の時価評価における税効果会計

　連結手続上，親会社の財務諸表と子会社の財務諸表を連結するにあたり，親会社の投資と子会社の資本を相殺消去する必要がある。

　この手続において，子会社の資産又は負債は，支配獲得時の時価によって評価されることとなる。子会社等資産・負債の時価評価には，部分時価評価法と全面時価評価法の方法がある。

　部分時価評価法とは，子会社の資産及び負債のうち，親会社の持分に相当する部分を，株式の取得日ごとに時価で評価することになる。少数株主持分に相当する部分については，子会社の個別貸借対照表上の金額で評価することとなる。部分時価評価法では原則子会社の資産及び負債を株式の取得日ごとに時価

で評価し，その都度評価差額を計上する方法である。

全面時価評価法とは，子会社の資産及び負債を少数株主持分に相当する部分を含めてすべてを，支配獲得日の時価により評価する方法である。したがって，時価による評価額と帳簿価額との差額を時価評価による簿価修正額として計上し，その差額を評価差額として計上される。また，支配獲得時までに株式を段階的に取得した場合であっても，子会社の資産及び負債のすべてを支配獲得時の時価で評価し，評価差額を当該日の持株比率で親会社持分額と少数株主持分額とに按分する。

このように子会社の資産及び負債を時価評価することによって評価差額が生じた場合には，評価差額に係る繰延税金資産又は繰延税金負債を当該評価差額から控除して，その純額を親会社の投資と相殺する子会社の資本に加算することになる。また，全面時価評価法の場合には，少数株主持分についても繰延税金資産又は繰延税金負債が計上されるため，少数株主持分を増額又は減額することとなる。

VI 税効果会計の課題

税効果会計を全体的に説明してきましたが，税効果会計は，現在重要な会計制度として非常に注目をされている。注目されている要因として，度重なる税制改正や不良債権処理等に伴い，金融機関を中心とした大企業における繰延税金資産の拡大化による資本の増大化（税効果資本）の問題があげられる。

繰延税金資産の計上について，金融機関においては，監査人等による繰延税金資産の計上見送りの判断により，税効果資本が減少し破綻に追い込まれるという状況も存在している。このように税効果会計における回収可能性の判断による計上については，慎重な判断が求められている。

これから税効果会計は，税効果資本の問題等を含めて，企業又は利害関係者にとっても重要な会計制度であり，企業利益に与える影響も大きいことから，これからも注目していかなければならない会計制度である。

参考文献

- 齋藤真哉「税効果会計の構造」，日本会計学会『会計』Vol.166, No.2, 森山書店，2004年。
- 手塚仙夫『税効果会計の実務（第3版）』清文社，2000年。
- 中田信正「税効果会計」，『企業会計』中央経済社，Vol.52, No.1, 2000年。
- 中央青山監査法人編『詳解　税効果会計の実務（第2版）－会計処理と開示のすべて－』中央経済社，2002年。

（吉田　雅彦）

第15章

時　価　会　計

I　時価会計の基本的課題

1. 総　　論

　日本経済の発展に伴ってますます近年における証券・金融市場のグローバル化が著しく進む中で，多種多様な金融商品が開発され，企業経営をめぐる経済環境は大きく変化している。取得原価主義では高度成長期においては含みが生じるので，含みに頼る経営が可能となっていた。わが国では，高度成長期においてはグループ会社を中心に株式持ち合いが行われ，良好な経済環境の下ではこのような持ち合い株式に含み益をもたらしていた。アメリカで1980年代に小規模の貯蓄貸付組合であるＳ＆Ｌが，有価証券について取得原価を巧みに利用して益出しを続けた結果，実質的な財務内容を著しく悪化させてしまい経営破綻を招いたことが発端となり，時価会計が採用される契機となった[1]。

　取得原価主義ではこのように金融資産の時価が下落した場合に，決算の会計情報を操作して本来の経営成績とは異なる数値に変化させて含み損の隠蔽が可能となっていた。

　わが国では，バブル経済が崩壊して経済環境が著しく低迷している状況下で金融商品の時価評価が実施された結果，持ち合い株式が企業の財務内容を悪化させる危険性があることから，投資効率の悪い持ち合い株式は売却されるよう

になった。持ち合い株式の売却は，含み益を株主資本の部に独立項目として計上されることから，利益額が一定であると仮定した場合は，株主資本が増加して株主資本利益率（ROE；Return on investment）が低下することになるので，1株当たりの利益率を高めるために持ち合い株式を売却したことも考えられる。

また，1999年にクレディ・スイス・グループが，企業の損失隠蔽を行うために，取得原価を巧みに利用した金融商品の販売を行って金融監督庁から告発された事件が発生しているなど，金融商品の時価評価は，企業の財務諸表に大きな影響を与えていると考えられる[2]。

2. 日本における時価会計の動向

わが国では，1990年12月，企業会計審議会から「企業内容等の開示に関する省令」が改正され，市場性ある有価証券及び先物・オプション取引の時価情報を注記として開示され，1996年6月には，「金融機関等の経営の健全性確保のための関係法律の整備に関する法律」に基づき銀行法や証券取引法が改正され，1998年3月期決算から金融機関が短期の売買により利益獲得するトレーディング取引を目的に保有する株式などについて，時価評価が実施されるようになった[3]。

このように企業の透明性を高める社会的要請や，国際的にも金融商品に関する会計基準が整備されつつある潮流の中，1999年1月，企業会計審議会から「金融商品に係る会計基準」（以下，「金融商品会計基準」）が公表され，2001年3月期決算から金融商品について時価評価が実施され，貸借対照表や損益計算書に計上されることになった[4]。

また，1999年8月に商法が改正され，市場性ある金銭債権，株式・債券の評価について，ネット評価益の配当規制の下で時価評価が導入された。また，2000年3月に「財務諸表等の用語，様式及び作成方法に関する規則」など関連4省令が改正され，2001年3月決算期より金融商品の時価評価が導入された。

なお，2002年8月，企業会計審議会から「固定資産の減損に係る会計基準の設定に関する意見書」が公表された。固定資産については，時価が簿価を下

回った場合に評価損の計上が2004年3月決算より企業により選択適用され，2006年3月決算からはすべての企業で適用が必要となっている。

II 金融商品の時価会計

1．金融商品の意義と範囲

　金融商品会計基準は，すべての資産・負債について時価評価で行うものではなく，金融商品 (financial instrument) に該当する場合の評価額について時価評価を行うものである。金融商品は，企業に金融資産を生じさせる一方，相手企業に金融負債を生じさせる契約及び企業に持分の請求権を生じさせ相手企業にこれに対する義務を生じさせる契約のことで，(a)金融資産，(b)金融負債，及び(c)デリバティブ (derivative financial instrument) 取引に係る契約を総称したものである[5]。

　金融商品会計基準によると，金融商品を①金融資産と②金融負債に大別し，次のように規定している。

　金融資産とは，(a)現金預金，受取手形，売掛金及び貸付金等の金銭債権，(b)株式その他の出資証券及び公社債等の有価証券，及び(c)デリバティブ取引により生じる正味の債権等のことであり，金融負債とは，(a)支払手形，買掛金，借入金及び社債等の金銭債務，(b)デリバティブ取引により生じる正味の債務等のことである。

2．金融商品の時価

　金融商品会計基準では，時価は公正な評価額のことであり，市場において形成されている取引価格，気配又は指標その他の相場に基づく価格を意味しており，市場価格がない場合には合理的に算定された価格を公正な評価額としている。なお，市場には公設の取引所及びこれに類する市場のほか，常時，売買・換金等を行うことができる取引システム等も含まれるとしている。

3. 金融資産・金融負債の認識

　一般的に商品等の売買（役務の提供）にかかる金銭債権債務は，商品等の受け渡し（役務の提供）完了時にその認識を行うが，金融商品である金融資産・金融負債の認識は，原則として金融資産の契約上の権利又は義務を生じさせる契約を締結したときに認識することになる。それゆえ，たとえば有価証券の売買では，従来とは異なる約定日においてその認識を行い，未収入金（未払金）という金融資産（金融負債）を認識する必要がある。

　また，デリバティブ取引は，オプション取引を除き，通常の商品である原資産取引とは異なり，債権・債務の発生・消滅が同時に行われるので，債券と債務を一体のものとみなすことができることや，通常において差金決済されるデリバティブ取引について総価格（gross）で認識を行うと債権・債務額が大きくなり，投資家の意思決定を歪めかねない危険性があることから，純額（net）で計上される[6]。

　なお，デリバティブ取引において，契約上の権利または義務を生じさせる契約を締結したときには，債権・債務の公正価値が等価となっているので，金融資産・金融負債が認識されることはないが，契約を締結した以降において原資産の公正価値やクレジット・リスクが変動して，利得のポジション（gain position）又は損失のポジション（loss position）へ変化することになるので，資産・負債と認識することが必要になる。

4. 金融資産・金融負債の消滅

　金融資産の消滅は，①金融資産の契約上の権利を行使したとき，②権利を行使して喪失したとき，又は③権利に対する支配が他に移転したときに認識する必要がある。金融資産の消滅を認識して財務諸表からオフ・バランスにすることを認識の中止（derecognition）という。

　このうち，③権利に対する支配が他に移転する場合については，リスク・経済価値アプローチと財務構成要素アプローチという2つの考え方がある。

　(a) リスク・経済価値アプローチとは，金融資産の経済価値とリスクは分離

できない一体のものとみなして，大部分が他に移転した場合においてのみ金融資産の認識を中止する考え方である。
(b) 財務構成要素アプローチとは，金融資産を構成する経済価値は分割できる財務構成要素であるとみなし，このような構成要素の一部が他に移転した場合には，移転した構成要素のみの認識を中止し，留保された構成要素はそのまま計上とする考え方である。

金融商品会計基準ではFASB（FAS125）などと同様に，財務構成要素アプローチを採用し，次の要件がすべて満たされた場合にその消滅を認識する。

a．譲渡された金融資産に対する譲受人の契約上の権利が譲渡人及びその債権者から法的に保全されていること。
b．譲受人が譲渡された金融資産の契約上の権利を直接または間接に通常の方法で享受できること。
c．譲渡人が譲渡した金融資産を当該金融資産の満期日前に買い戻す権利及び義務を実質的に有していないこと。

なお，金融負債の消滅は，(a)金融負債における契約上の義務を履行したとき，(b)契約上の義務が消滅したとき，または(c)第一次債務者の地位から免除されたときに認識するとしている。

5．金融資産・金融負債の評価

金融資産・金融負債の評価方法と評価基準の取扱いの概要は次の表のとおりである。

なお，償却原価とは，債権（債券）を債権金額（債券金額）より低い価格又は高い価格で取得した場合に，額面との差額金額を弁済期（償還期）に至るまで一定の方法で貸借対照表価額に加減する方法で評価された価額をいう。

第4部　新しい会計制度

表：金融資産・金融負債の評価方法と評価基準

金融商品の属性による分類		貸借対照表価額	評価差額の取扱い
金銭債権		原　価（引当金控除後）償却原価	
有価証券	売買目的	時　価	損益に計上
	満期保有債券	原　価 償却原価	
	子会社株式	原　価	
	関連会社株式	原　価	
	その他有価証券	時　価	原則：資本の部に直接計上
	市場性のない有価証券	原　価	
運用目的の特定金銭信託等		時　価	損益に計上
デリバティブ		時　価	損益に計上
金銭債務（社債以外）		債務額	
社　債		社債金額（差金償却後）	

III　ヘッジ会計

1．ヘッジ取引の意義

　市場変動が激しくなっていることから，企業は絶えず相場変動によるが損失の可能性にさらされている状態（risk exposure）にあるため，企業防衛のためにリスクを何らかの方法で少しでも削減する必要性に迫られいる。企業活動におけるリスクにはさまざまなものがあるが，金利リスク，為替リスク，株価リスクの3つを「価格リスク（マーケットリスク）」という[7]。ヘッジ（hedge）とは，価格リスクの対象となっている取引における相場の変動によるリスクを回避することであり，特に，売りと買いをそれぞれ行い，リスクを相殺することである。このようなヘッジの手段としてデリバティブが利用されている。

2．ヘッジ対象

　ヘッジ対象となるものは，①相場変動等で損失の可能性がある資産（負債）で，変動が相殺され評価に反映されていないか，②変動は評価に反映されているが評価差額が損益として処理されていないもの，③資産（負債）に係るキャッシュ・フローが固定されて変動が回避されるものに大別される。このような価格リスクの減殺を目的として，公正価値又はキャッシュ・フローの変動が，ヘッジ対象のそれと反対の方向に動くと予想されるものであるデリバティブ取引をヘッジ手段として用いる。

　ヘッジ手段であるデリバティブ取引は，公正価値又はキャッシュ・フローの変動が，ヘッジ対象のそれと反対の方向に動くと予想されものをいう。金融商品会計基準によると，デリバティブ取引は金融商品に該当するので，原則として時価評価が行われ損益を認識する必要がある。しかし，ヘッジ対象となる資産が原価で評価されて，相場変動等による損益が認識されない場合には，ヘッジ取引の経済的実態が財務諸表へ反映されないことになる。それゆえ，ヘッジ会計と呼ばれているヘッジ対象及びヘッジ手段に係る損益を同一の会計期間において認識して，ヘッジ効果を財務諸表へ反映させるために特殊な会計処理が必要になる。

3．ヘッジ会計の要件

　ヘッジ会計の適用を行うためには，取引に次のような要件を具備していることが必要である。

① ヘッジ取引時において客観的に，企業のリスク管理方針に準拠していたことが文書で確認できるか，明確な内部規定及び内部統制組織があり，これに従って処理されることが期待される。

② ヘッジ取引時以降において，ヘッジ対象とヘッジ手段の損益が高い程度での相殺される状態又はヘッジ対象のキャッシュフローが固定され変動が回避された状態が引き続き認められ，ヘッジ手段の効果が定期的に確認される。

4．ヘッジ会計の方法

金融商品会計基準によると，繰延ヘッジを原則とし，時価ヘッジを容認している。ただし，予定取引に関する時価ヘッジの適用は認められていない[8]。

① 繰延ヘッジは，原則として時価評価されるヘッジ手段の損益（評価差額）を，ヘッジ対象の損益が確定するときまで資産（負債）として繰り延べる方法である。

② 時価ヘッジは，ヘッジ対象の資産（負債）の時価評価を行い損益に反映させることで，時価評価されるヘッジ手段の損益（評価差額）と同一の会計期間に繰り上げて認識する方法である。

5．ヘッジ会計の終了等

ヘッジ会計は，ヘッジ対象が消滅したときに終了し，繰り延べられているヘッジ手段に係る損益（評価差額）を当期の損益として処理する。また，ヘッジ対象である予定取引が実行されないことが明らかになったときも同様に処理する。

ヘッジ会計の要件が満たされなくなったときは，すでに認識されたヘッジ手段に係る損益（評価差額）は，ヘッジ対象に係る損益が認識されるまでは資産（負債）として繰延処理する。ただし，繰り延べられたヘッジ手段にかかる損益（評価差額）につき，相応するヘッジ対象に係る含み益が減少して，ヘッジ会計の終了時点で重要な損失が生じる恐れのある場合は，当該損失部分を見積り計上して当期の損益として処理する。

なお，ヘッジ会計の要件が満たされなくなった場合には，それ以降においては，ヘッジ手段に係る損益（評価差額）は繰り延べることはできない。

注

1) 「S＆Lは，原価主義を悪用して，含み益のある有価証券だけを売却して益出しを行い，含み損のある有価証券は原価で繰り越していったことから，そのうちに，含み損のある有価証券だけが残り，ばたばたと倒産した」田中　弘（2002）p. 330。
2) 中北　徹・佐藤真良（1999）pp. 66〜68。

3） 債権者保護を中心とする商法では，時価評価の概念をすべての企業に適用する場合には，配当可能利益算定の基礎となる純資産価額の計算に影響を及ぼすことになるので問題となったが，証券取引法上の公開会社については商法上も評価益と評価損の差額である評価益についての配当規制を行うことで時価評価を容認した。
4） その他有価証券は2002年3月期決算より時価評価が実施された。2000年1月には，具体的な指針として「金融商品会計に関する実務指針（中間報告）」，同年9月には「金融商品会計に関するQ&A」が公認会計士協会から公表された。
5） デリバティブとは，金融商品から派生した新しい金融商品のことで，デリバティブ取引とは先物取引，先渡取引，オプション取引，スワップ取引及びこれらに類似する取引の総称で，商品などの原資産の取引から派生した権利と義務を伴う形で損益が計上されるところに特徴を有する。
6） オプション（option）とは，特定の商品などについて将来の一定期間内にあらかじめ指定された価格で売買する権利のことで，コール・オプションや買戻しオプション等がある。なお，一般的にオプションの権利を得るためにプレミアムと呼ばれる料金が必要になる。
7） 金利リスクとは，企業資金の借入れ（貸出し）において金利が変動した場合の損失で，為替リスクとは，為替相場における相場変動による損失であり，株価リスクとは，株式市場における株価変動による損失のことである。
8） 予定取引には，(a)契約により認識を確定しているが，未だ履行されない確定契約（未履行契約）と，(b)未契約であるが，将来生ずることが予定されている取引（厳密な意味での予定取引）の2つがあるが，これらを同一のものとして取り扱う。ただし，予定取引は，主要な取引条件が合理的に予測することができ，かつ，実行される可能性のきわめて高い取引に限定されている。

参考文献

- 伊藤邦雄『ゼミナール現代会計入門（第4版）』日本経済新聞社，2003年。
- 伊藤邦雄責任編集，田中健二他著『時価会計と減損』中央経済社，2004年。
- 武田隆二『最新財務諸表論（第9版）』中央経済社，2004年。
- 田中　弘『時価主義を考える（第3版）』中央経済社，2002年。
- 中央青山監査法人編『アメリカの会計原則2004年版』東洋経済新報社，2003年。
- 中北　徹・佐藤真良『グローバルスタンダードと国際会計基準』経済法令研究会，1999年。
- 平野嘉秋編著『基本ゼミナール　新しい企業会計制度』大蔵財務協会，2001年。
- 広瀬義州『財務会計（第4版）』中央経済社，2004年。

（奥積　賢一）

第16章

減損会計

I 固定資産に係る「減損会計」の導入

　西暦2000年（平成12年）を挟み，「会計ビッグバン」または「会計2000年問題」と称されながら会計制度の国際化をめざしてきたわが国において，この数年間に導入されてきたさまざまな会計制度の変革は，いよいよ固定資産に係る「減損会計」の導入により一応の完成をみる。

　これまで日本企業は，バブル経済期の潤沢な「含み益」経営からその縮小過程を，そしてその崩壊期に至っての「含み損」の隠蔽経営とそのオンバランス化へと，わずか十数年の間にジェットコースターのような浮き沈みを経験してきた。そして，その間の日本経済の浮沈の原因は，何も実際経済の不振ばかりだけではなく，会計制度の変革が少なからずそれに影響を及ぼしていると思われる。その国際化の最後の仕上げである減損会計の導入は，果たして日本企業にとっていかなる影響を及ぼすことになるのであろうか。

　「減損会計」導入の本質的な目的は，企業の経営判断の基軸を，「利益」から「キャッシュ・フロー」へと根本から変えることに求められる。つまりは，企業にとっての収益源たる資産の評価基準が，「企業にとっての価値」（value to the business）の基準をもとに判断され，これまでの帳簿価額（キャッシュ・アウトフロー）から回収可能価額（キャッシュ・インフロー）へと変換することを意味

している。それは，これまでの資産評価の根幹がその稼働により生み出される収益から回収される費用（減価償却費）の溜まりという「静的」な思想から，その資産の使用又は売却を通じてどれだけ効率的にキャッシュ・インフローを生み出しうるかという「動的」な思想への変換でもある。そのような意味をもつ「減損会計」は，日本企業のバランスシートに対する海外からの信頼性の回復や，会計基準の国際的調和のために，以前からわが国にその早期導入[1]が求められてきた。一方，産業界としては，企業業績への悪影響の配慮や投資不動産の評価下落への影響を懸念する意見も根強く，これまでは減損会計の導入時期の決定が先送りされてきた。

　しかし企業会計審議会は，企業財務の健全化を促すことが先決と判断し，平成14年8月9日に「固定資産の減損に係る会計基準の設定に関する意見書」（以下，「意見書」という）及び「固定資産の減損に係る会計基準（同注解）」を公表し，減損会計を平成17年度から強制導入することを正式に決定した。このため，3月期決算企業の場合には，平成17年9月の中間決算と平成18年3月期の本決算から減損会計を公表財務諸表に反映させることになる。また，この「意見書」では，強制適用時期よりも2年前倒しとなる平成14年度の決算から，企業は任意の判断により先行適用することも認めたため，財務体質の良好な会社は経営の健全性のアピールに，減損会計の適用を先取って実施する動きが出ている。

II 「日本版減損会計」

1.「意見書」の概要

　ここで，「意見書」にいう「日本版減損会計」の概要を要約すれば，それは米国基準と国際会計基準の「折衷型」といわれる構造を有している。

　「意見書」は，固定資産の減損処理（減損会計）とは，資産又は資産グループの収益性の低下により当初の投資額の回収が見込めなくなった場合に，一定の条件の下でその回収可能性を反映させるように帳簿価額を減額処理する会計方

法であるとし,すなわち資産又は資産グループの帳簿価額が当該資産等から予想される回収可能価額を超過する状況になった場合に,帳簿価額を回収可能価額まで減額する臨時的な会計処理である,としている。したがって,日本版減損会計は時価主義会計ではなく,あくまで取得原価主義会計の枠内で行われる帳簿価額の臨時的な減額であり,その証左として金融商品等の時価会計[2]とは異なり,評価益の計上を認めていない。

また,「意見書」にいう減損処理とは,本来,資産又は資産グループの投資期間全体を通じた投資額の回収可能性を評価し,投資額の回収が見込めなくなった時点で将来に損失を繰り越さないために帳簿価額を減額する会計処理であり,すなわち期末の帳簿価額を将来の回収可能性に照らして見直すだけでは収益性の低下による減損を正しく認識することはできないとしている。減損損失の認識においては,減損の兆候がある資産又は資産グループについて,これらが生み出す割引前の将来キャッシュ・フローの総額がこれらの帳簿価額を下回るときに減損損失を認識することを求めるとしている。したがって,実務的には期末時点の帳簿価額を将来の回収可能性に照らして見直しが行われると考えられる。

2．商法と税法の「減損」の取扱い

ところで,前述してきたように,これまでわが国においても,固定資産の減損処理が認められていた法規定が,商法において存在してきた。商法34条2号(及び商法施行規則29条)がそれである。

商法34条2号は,「固定資産ニ付テハ(中略)予測スルコト能ハザル減損ガ生ジタルトキハ相当ノ減額ヲ為スコトヲ要ス」と規定して,その文言は抽象的ながらも,一定の条件の下において固定資産の減損処理を「強制」してきた。

しかし,バブル経済崩壊後,実際上は産業界の一部が期待する含み損計上の先送りの思惑とともに資産評価損の計上を原則否認する税法の存在が後ろ盾となって,固定資産の減損処理が敬遠されてきた経緯がある。

税法では,資産の種類を問わず,原則として資産の評価損[3]の損金算入を否

定するとともに，企業の貸借対照表上，評価損の計上された資産についての帳簿価額は，その減額がなかったものとして取り扱うこととしている（法人税法33条1項・3項）。これは，税収の維持増大を命題とする税法の論理からすれば当然の帰結であるかもしれないが，商法が減損の強制計上を促すのに比して，税法の原則評価損計上否認の立場には相当の隔たりがある。税法には，例外的かつ限定的に，災害等による著しい損傷等，特別の場合に限り，その損金不算入の原則的取扱いにとらわれず評価損の損金算入を容認する場合もあることも認めているが（同条2項），通常はその「特定の事実が生じた場合」（法人税法施行令68条3号）の事実認定がきわめて厳格であり，かつ前述した税法の基本的論理から鑑みれば，その評価損計上は税法上あくまでも例外的なものとして位置づけられる。

　また，資産の種類は異なるものの，現在，金銭債権（不良債権部分）の貸倒損失処理を「有税」にて行わざるをえない会計（税務）実務の存在や，そこから生じる損失計上のタイミングを調節する「税効果会計」の導入の必要性の招来，そしてその結果生じた繰延税金資産が生む金融機関の自己資本比率査定の問題等，税法独特の論理そのものから由来した問題は数多い。

III 「日本版減損会計」の特徴

1．減損会計の対象資産

　「日本版減損会計」は，固定資産に分類される資産を対象とする。したがって減損会計の対象となるのは，有形固定資産に分類される土地，建物，機械装置等や無形固定資産に分類される借地権，のれん，特許権等，さらに投資その他の資産に分類される投資不動産も含まれる。ただし，固定資産に分類される資産のうち，すでに他の基準において減損処理の定めのある資産については，減損会計の対象資産から除くこととされている。具体的には，「金融商品に係る会計基準」（企業会計審議会，平成11年1月22日）における金融資産，「税効果会計に係る会計基準」（同，平成10年10月30日）における繰延税金資産，「退職給付

に係る会計基準」(同,平成10年6月16日)に係る前払年金費用が挙げられる。

2．対象資産のグルーピング

　減損会計の基本的な考え方は，固定資産が生み出す将来キャッシュ・フローの総額と現在の帳簿価額との比較による減損損失の認識にあることから，ポイントは，減損会計を適用すべき固定資産の単位，すなわち将来キャッシュ・フロー産出の観点からみた固定資産の区分にある。たとえば，固定資産台帳に記載されている各固定資産が，個々独立して将来キャッシュ・フローの稼得に貢献している場合もあれば，製造工場のように土地，建物，構築物，設備，機械装置等の複数の固定資産が全一体として相互に関連してそれに貢献する場合もある。それぞれが独立して将来キャッシュ・フローを生み出す資産の場合，各資産単位で減損会計は適用される。複数の固定資産が一体として稼働する場合，その資産グループは1つの単位として適用されることになる。重要なのは，将来キャッシュ・フローを生み出す最小の単位でグルーピングを行うことにある。

3．減損損失の認識及び測定の手順
〔ステップ1：減損の兆候の有無の把握〕
　減損が生じている可能性を示す事象(「減損の兆候」)がある資産又は資産グループを洗い出すステップ。すべての固定資産について減損損失を計上すべきかどうかを検討することは，実務上過大な負担となる。そこで最初のステップで，減損の兆候がある資産等を把握し，減損損失の検討対象を絞り込む。
　「意見書」では，次の4つの事象が例示されている。
　①　資産又は資産グループが使用されている営業活動から生じる損益又はキャッシュ・フローが継続してマイナスとなっているか，あるいは継続してマイナスとなる見込みであること。
　②　資産又は資産グループが使用されている範囲又は方法について，当該資産又は資産グループの回収可能価額を著しく低下させる変化が生じたか，あるいは生じる見込みであること。

③ 資産又は資産グループが使用されている事業に関連して，経営環境が著しく悪化したか，あるいは悪化する見込みであること。
④ 資産又は資産グループの市場価格が著しく下落したこと。

〔ステップ2：減損の認識〕

　減損の兆候が認められた資産又は資産グループを対象に，実際に減損損失を計上すべきか否かの判定調査を行い，その結果，減損損失を認識すべき対象を確定すべきステップ（これは，「米国基準」と同様である）。「認識」とは，当期において減損損失を計上することを意味する。具体的には，当該資産等から将来にわたって得られるキャッシュ・フローを見積もり，見積もられた割引前の将来キャッシュ・フローの総額（将来の各年度のキャッシュ・フローの単純合計値）が帳簿価額を下回っている場合には，減損損失を認識する。ここで将来キャッシュ・フローの総額は，割引率で割り引く前の金額を使用しているため，実際の割引後の金額に比較して金額は大きくなるはずであり，ここからも減損の認識は相当程度確実な場合に限定されていくことになる。

〔ステップ3：減損損失の測定〕

　減損損失を認識すべきと判定された資産又は資産グループについて，減損損失として計上すべき金額を算定し，帳簿価額を回収可能価額まで切り下げるステップ（これは，「国際会計基準」と同様である）。「測定」とは，損失の金額を確定することを意味する。ここにおいて「回収可能価額」とは，資産等の「正味売却価額（売却による回収額）」と「使用価値（使用による回収額）」のうちいずれか高い方の金額と定義されている。「正味売却価額」とは，資産等の時価（合理的に観察可能な市場価格等の公正な評価額）から処分費用見込額を控除して算定される金額をいい，これらの情報がない場合には，不動産鑑定評価，近隣の売買事例，路線価等をもとに合理的に算定されるべき金額をいう。また「使用価値」とは，資産等の継続的使用と使用後の処分によって生じると見積もられる将来キャッシュ・フローの現在価値，すなわち将来キャッシュ・フローの単純合計値を現在価値に評価換えした後の金額，つまり現在価値への割引を行った後のキャッシュ・フロー総額をいい，〔ステップ2〕の減損の認識ステップに用い

られる割引前将来キャッシュ・フロー総額とは異なる。したがって使用価値には，貨幣の時間価値と，将来キャッシュ・フローがその見積値から乖離するリスクの両方を反映させる必要がある。前者は割引率に反映されるが，後者の問題はキャッシュ・フローに反映させる方法と割引率に反映させる方法があり，「意見書」はいずれの方法も認めている。

なお，使用価値に対する概念として「公正価値」(fair value) がある。「公正価値」とは，市場の仮定すなわち市場参加者が仮定する資産の用途，使用方法等に基づいて算定した見積将来キャッシュ・フローの現在価値である。一方，「使用価値」とは，経営者の仮定すなわち個別企業の状況に基づいた資産の使用方法等により算定した見積将来キャッシュ・フローの現在価値である点で公正価値とは異なる。一般に，使用価値の算定に用いる割引率は当該企業の資本コストにより行うのが理論的であり，公正価値の算定に用いる割引率は市場の収益率（当該地域の平均的な土地利回り等）を使用することが妥当とされる。

4．減損損失の会計処理

(1) 財務諸表における表示

減損損失は，減価償却累計額と同様に，固定資産の取得原価から控除される。

貸借対照表における表示方法として，「意見書」は直接控除方式を原則とし，また間接控除方式も認めている。また減損損失は，固定資産に関する臨時的な損失であるため，損益計算書上は，原則として特別損失に計上するとしている。

なお，重要な減損損失を認識した場合には，減損損失を認識した資産，減損損失の認識に至った経緯，減損損失の金額，資産のグルーピングの方法，回収可能価額の算定方法等の事項について注記が求められる。

(2) 減価償却

減損処理を行った資産は，減損処理後の帳簿価額を用いてその後の事業年度の減価償却計算を行う。また減価償却の期間については，当初の償却期間を継続して用いるのではなく，減損損失の結果を踏まえ，使用可能な期間等を反映した合理的な期間に変更することが必要になる。

(3) 減損損失の戻入れ

わが国の減損会計においては，減損損失の戻入れは一切行わない。

注

1）「減損会計」の先例　諸外国においても減損会計の歴史は比較的新しい。その草分けとなった米国財務会計基準書（SFAS）121号「長期性資産の減損及び処分予定の長期性資産の会計処理」（1995年3月）によれば，長期性資産の減損に関連し，企業が「使用目的で保有する長期性資産および特定の認識可能な無形資産」が，事象または状況の変化によりその時価（公正価値，fair value）が資産の帳簿価額を下回り，それを回収できなくなる可能性のあるときは，常に減損について検討することを要求する。そして，将来の予想キャッシュ・フロー総額（割引前かつ支払利息を控除したもの）が資産の帳簿価額より少ない場合には，減損による損失を認識することとしている。時価までの減額は，減損した資産について，それまでの投資を清算し，その時点で再び同じ資産を買い戻して新しい投資を始めたという擬制に基づいている。減損処理後は，その新しい取得原価に基づいて減価償却が継続される。時価が回復した場合にもその戻入れは行われない。この点，米国基準は減損会計を取得原価主義の枠内で捉えようとしている。また，「売却予定の資産」については，使用を継続する資産とは異なり，時価から処分費用を控除した金額まで帳簿価額を減額し，その後は減価償却を行わないこととしている。

　　また，国際会計基準（IAS）36号「資産の減損」（1998年4月）では，資産の減損に関連し，資産は，その使用（使用価値）または売却（正味売却価額）のいずれか高い方によって回収される金額（回収可能価額）がその企業にとっての資産の価値であるとして，その金額をその資産の帳簿価額が超過する場合には，その資産は減損しているものとし，企業に減損損失を認識することを要求する。この場合，使用によって回収する場合には，長期にわたる回収を考慮して，将来キャッシュ・フロー総額（割引後）の現在価値が用いられる。また，回収可能価額が回復した場合には，減損損失の戻入れを行うことが特徴である。この点は時価主義会計の思考に基づいているといえよう。

　　その後，米国では，財務会計基準審議会（FASB）からはSFAS121号の改訂を目的とした公開草案「固定資産の減損または処分ならびに処分活動に伴う債務の会計」（2000年6月）が公表され，最終的には2001年10月に正式にSFAS144号「長期性資産の減損または処分の会計処理」が公表されて実務に適用されている。一方，国際会計基準委員会（IASC）は，賃貸収益もしくは資本増加又はその両方を稼得する目的で保有する不動産，すなわち投資不動産に関連特化した基準，IAS40号「投資不動産」（2000年4月）を公表している。

2）「減損会計」と「時価評価」（たとえば金融商品）とは違う。「金融商品」の時価評価は，①資産価値の変動に基づいて損益を測定すること，②貸借対照表に資産価値を表示すること，を目的とする。たとえば，「売買目的有価証券」の時価評価は①と②

の両方を目的とし,「その他有価証券」の時価評価は②を目的とする。一方,「固定資産の減損会計」は,一旦,減損処理によって帳簿価額の減額を行うが,その後は減損処理後の帳簿価額に基づいて規則正しい減価償却を行い,また帳簿価額を下方に修正することだけが求められ,増額することは認められない。取得原価主義の枠内で行われる基準である。

3） 厳密にいえば,「減損」と「評価損」には相違がある。「評価損」は原価評価による評価額と時価評価による評価額との差額であり,「減損」は原価評価の場合にも時価評価の場合にも認識される。もっとも,両者は明確に分離して把握されるものではなく,商法と税法もその差異を考慮したうえでの表現の使い分けはされていない。

（田中　薫）

第17章

退職給付会計

I 退職給付会計の基本的課題

1．退職給付の給付形態

退職給付の支払（給付）形態としては，退職時に一括して支払う「退職一時金」と，働いている間に積み立てた金銭を運用して，退職後に受け取る制度である「年金」の2種類がある。

退職一時金は，従来からある方法で，年金原資を負債性引当金である退職給与引当金を設定して，企業に内部積立を行ってこれを退職時に給付するものである。

退職給与引当金の設定方法には，1968年11月に企業会計審議会から公表された「退職給与引当金の設定について」によると，①将来支給額予測方式，②期末要支給額計上方式，③①と②の現在価値方式などが認められている。

年金は，運用機関の別によって公的年金，企業年金及び個人年金の3種類に分類される。わが国では多くの企業が退職一時金のみであったが，1965年頃から退職一時金の一部を「企業年金」に移行したのである。企業年金は，企業が年金の運用機関である年金基金へ金銭を拠出する形態で外部積立を行い，確保した財源を年金基金が運用して，退職後から死亡時又は一定期間において従業員に対して分割して支払われるものである。一般的な企業年金としては，①適

格退職年金,②厚生年金基金（調整年金），③税制上の優遇を受けない非適格退職年金がある。

また，年金には，あらかじめ給付額の確定している「確定給付型」(defined benefit pension plans) と，年金基金へ拠出する金額は確定しているものの給付額が未確定である「確定拠出型」(defined contribution pension plan) に分類することができる。多くの企業年金は企業年金制度を利用し保有資産を企業外部の機関に拠出して運用の委託をする確定拠出型であったので，退職した従業員は年金基金によって運用された年金財源から，一定金額の年金を毎月受け取ることになる。

2．従来の退職給付会計の概要

(1) 退職一時金

退職一時金は，一般的に退職給与引当金繰入額（費用）を損益計算書に，退職給与引当金（負債）を貸借対照表に計上するものである。

退職金費用の計上は，多くの企業が，法人税法の規定の「当期末」における要支給額の割合が40％以内であれば損金に算入することを容認する自己都合要支給額の現在価値方式（法人税法の累積限度額基準）を採用していた。しかし，そもそも内部積立が「当期末」における要支給額の割合の40％で十分であるのかという問題があった[1]。なぜなら，この方法は1980年税制改正における平均利回り8％，平均残存勤務期間12年という仮定に基づいており，現在のような厳しい経済状況を勘案した場合に平均利回り8％は現実的な数値ではなく，また終身雇用が崩壊している状況において平均残存勤務期間12年は雇用実態に即していないと考えられるからである。

(2) 企 業 年 金

事業主である企業は，従業員から労働用役の提供を受け，企業は労働の対価として退職後に年金を受け取る権利を付与すると考えられることから，年金に関係する費用は，本質的に労働用役の提供を受けたときに計上する必要がある。確定給付型である企業年金を前提にすれば，企業は年金財源の年金基金の運用

結果や退職者が思いのほか長生きした場合には追加の拠出を求められるので、従業員に対する年金支払の債務が潜在的に存在し続けていることを意味する。

　一般的に、企業年金は企業が掛け金をその期の費用として損益計算書に計上して企業外部の金融機関や保険会社へ掛け金を拠出するのみで、将来の年金債務については、認識すべき負債内容が大変困難であるため議論されなかったので統一的見解がなく、貸借対照表に拠出した掛け金の計上は全くなされていなかったので、今日では退職給付に関する債務を財務諸表に計上することが求められている。

　また、拠出した掛け金の運用利回りについても、現在の経済状況下においては達成が困難な数値である5.5％に仮定されて、拠出額そのものが過少となってしまう積立不足の問題や、通常、拠出金は株式や社債などの金融商品で運用されていたので、株価低迷に伴って拠出した原資である年金資産に含み損が発生してしまう問題がある。

II　退職給付会計の動向

1. アメリカにおける退職給付会計

　1985年12月、アメリカの財務会計基準審議会（FASB）は、不統一性や不明確であった年金費用の会計処理を改善するため基準書87号（FAS87）「雇用者の年金の会計」(Employer's accounting for pensions)、及び基準書88号（FAS88）「確定給付型年金制度の清算、削減および退職給付に関する雇用者の会計」(Employer's accounting for settlement and curtailments of defined benefit pension plans and for termination benefits) を公表し、年金に関連した債務と年金資産の実態について明確な開示を求めた。FAS87ではPBO、ABO、VBOという3つの方法のすべてを退職給付債務とすることを容認し、退職給付債務と年金資産を比較して積立不足額が発生している場合には負債と計上を求め、移行時の不足額は、従業員の平均残存勤務年数で均等償却（15年未満の場合は15年）するとしている[2]。FAS87の公表により、アメリカで資金調達するためにニューヨーク証券取引所

などに上場していた当時の日本企業20数社も例外ではなく，年金債務の金額や未積立債務を開示する必要に迫られたのであった。

2．国際会計基準における退職給付会計

1993年12月，国際会計基準委員会は，年金数理に基づく計算を前提とした改訂版IAS19号「退職給付コスト」を公表した。改訂版IAS19号は，FAS87の考え方と類似しているが，PBOのみを退職給付債務としている。

また，1998年12月に，退職給付だけでなく，在職中の有給休暇やストック・オプションなどについても含めた再改訂版IAS19号「従業員給付」が公表された。再改訂版IAS19号では，退職者に支払われる退職給付金を在籍していた期間に配分する方法について，発生給付評価方式に近い方法で計算することになった。また，再改訂版IAS19号は，FAS87より厳しく年金債務の計上を求めている部分もある。

3．日本の退職給付会計

わが国では，退職一時金と企業年金は同じ退職給付制度に含まれ，企業年金が退職一時金と選択可能である場合が多かったこともあり，退職給付における会計処理方法は各企業に選択が委ねられていた。それゆえ，各企業が採用する退職給付制度の内容や会計処理方法はそれぞれ異なり，退職一時金や企業年金について財務諸表の企業間比較を行うことは困難となっていた。さらに，昨今における積み立てた年金原資の運用利回り悪化や，それに伴う膨大な含み損が発生するなど重大な局面を迎えていた。

このため，わが国では1998年6月に「退職給付に係る会計基準の設定に関する意見書」により，退職一時金と企業年金をあわせた包括的な会計基準として公表された。

退職給付会計基準では，従来の確定給付型の企業年金を前提に，退職一時金や企業年金を退職給付に統一して，退職給付債務としてPBOを採用している。また，退職給付会計基準では，「発生主義」に従い労働の対価として費用を認

識することを採用しIASとの調和を図った。

なお，わが国でも，アメリカの401(k)プランに代表されるような確定拠出型企業年金が新しく導入されることになった[3]。この場合には年金基金に拠出した額をそのまま費用とする。また，わが国で類似する制度としては中小企業退職共済制度がある。

III　日本の退職給付会計

1．日本の退職給付会計の概要
(1) 退職給付引当金

将来における退職給付見積額を退職給付引当金として算出するため，まず期末に企業が負担すべき退職給付債務の算定を行い，次に企業外部に拠出した債務の対価となる年金資産について公正な評価を行い，退職給付債務から年金資産を差し引く。

> 退職給付引当金＝退職給付債務－年金資産

① 期末に企業が負担すべき退職給付債務の算定においては，①退職時までの労働の対価に相当する退職給付見込時点までの給与について期待値計算を用いて合理的に見積もる。この金額を基本として，退職時に予想される退職給付見込額を将来従業員に支払う債務として計算する。②退職給付見込額を期間定額基準などにより期末時点までの労働の対価に相当する発生額を導き出す。③それを現時点の貨幣価値に換算するため，一定の割引率を用いて残存勤務期間にわたり現在価値に割り引くことが必要になる。

② 債務の対価として企業外部に拠出した年金資産の公正な評価は，十分な知識と情報をもっている者同士が自発的に取引を行う場合に成立する評価額であるが，取引を行う市場が十分に発達している場合には時価を意味している。

③ 期末に企業が負担すべき退職給付債務から年金資産を控除して，これを

退職給付引当金として貸借対照表の負債に計上する。

なお，原則として個々の従業員ごとに以上のような計算が行われる。このような年金数理計算は高度な数学の知識が必要になるため，一般にはアクチュアリーと呼ばれる年金数理専門家の知識が必要になると思われる。

(2) 退職給付費用

退職給付費用を基本的に構成している要素として，勤務費用，利息費用及び期待運用益相当額がある。

> 退職給付費用＝勤務費用＋利息費用－期待運用益相当額

① 勤務費用は，当期の労働の対価として発生すると認められる退職給付のことである。また，勤務費用は，期末に企業が負担すべき退職給付債務を構成することになるので，退職給付債務の計算と同様な手順によって計算される。

② 利息費用は，期首つまり前期末における企業が負担すべき退職給付債務と，割引年数が1年短くなった当期末における企業が負担すべき退職給付債務との差額のことである。これは，時の経過に応じた割引計算によって生じた計算上の利息であることから，毎期の退職給付費用を構成する。

③ 期待運用収益相当額は，年金資産の運用によって獲得した収益に相当するものである。企業外部に拠出された年金資産が運用された結果，収益が発生しても損益計算では独立した収益として計上しないが，企業の負担は相当額だけ減少することになるので，退職給付費用から差し引くことになる。

(3) 差　　　異

退職給付費用の計算を行ううえで，発生する差異として，数理計算上の差異，過去勤務債務及び会計基準変更時差異がある。

① 数理計算上の差異の費用処理額

退職給付債務を計算する場合に，予定昇給率，死亡率や割引率さらに期待収益率などの仮計算が必要となっている。当初予定した退職率及び昇給

率である基礎率と呼ばれる数値を使用して算定した退職給付債務や退職給付債務の額は，実際の数値を使用して計算した場合や基礎率を変更した場合には差異が発生する。このような差異を数理計算上の差異と呼び，原則として平均残存勤務期間以内の一定年数で按分した額を毎期費用処理する必要がある。

② 過去勤務債務の費用処理額

退職金規程の改定が行われた場合は，退職給付見込額が変動することで退職給付債務も変動する。以前の勤務期間に対応する退職給付債務も変動することになるように，何らかの理由で発生した退職給付債務の変動部分を過去勤務債務といい，原則として平均残存勤務期間以内の一定年数で按分した額を毎期費用処理する必要がある。

③ 会計基準変更時差異の費用処理額

わが国では，退職給付会計基準を導入すると，従来の退職給付債務の引当が過少であったこともあり積立不足の問題や，株価低迷に伴って拠出した原資である年金資産に含み損が発生してしまう問題もあり，損益計算に多大な影響を及ぼすことになると予想されたので，会計基準変更時差異は，一括償却又は15年以内の一定の年数にわたり定額法で償却することが容認された。

なお，このような3つの差異は，将来の一定期間で費用化することが認められているので，未だ費用化されない部分がオフバランスとして存在することになる。このように，発生した差異のうち，未だ費用化されていない部分を，未認識数理計算上の差異，未認識過去勤務債務，未認識会計基準変更時差異と呼んでいる。

図1 貸借対照表における年金債務

積立不足	オフバランス	未認識数理計算上の差異 未認識過去勤務債務 未認識会計基準変更時差異	退職給付債務
	B/S計上分	退職給付引当金	
年　金　資　産			

図2 損益計算書における退職給付費用

数理計算上の差異の費用処理額 過去勤務債務の費用処理額 会計基準変更時差異の費用処理額	期待運用収益相当額
利　息　費　用	退　職　給　付　費　用
勤　務　費　用	

2．日本の退職給付会計の課題

　以上のことから，わが国では2001年3月期決算より年金債務についてオンバランスが実施された結果，従来の退職給付債務の引当が過少であったこともあり，多額の退職給付費用が損益計算書に計上，会計基準変更時差異として巨額の積立不足が特別損失として計上され各企業の経営成績を悪化させることになった。たとえば，会計基準変更時差異によって1,000億円以上の特別損失を計上した企業が7社もあり，主要企業222社では，前年比の税引前当期純利益が約35％も減少したとの調査がなされている[4]。

　また，同時に退職給付信託も創設されている。退職給付信託は，年金のために企業が保有する株式などの資産を外部に信託積立するもので，積み立てられた資産は会計上において年金資産とみなされるが，法的には企業年金の資産には該当しない。そのため株価が高騰した場合は，年金資産を取り崩して利益計上が可能となっている[5]。

なお，アメリカの会計基準におけるFASBの基準書35号「確定給付型退職給付制度の会計と報告」や，国際会計基準におけるIAS26号「退職給付制度の会計と報告」では，企業からの拠出金を運用している機関である年金基金が，加入者である企業に報告書を作成する内容を規定したものが公表されている[6]。しかし，わが国の制度では，このように年金加入者を保護するような会計基準は設定されていないので，早急に検討する必要がある。

拠出金は金融機関や証券会社などにおいて株式や社債といった金融商品で運用されているので，経済状態が低迷するようなことがあれば，拠出した年金資産に新たな含み損が発生して年金債務の積立不足が再び発生することになるので注意が必要である。

注

1) 「当期末」における要支給額の割合は，1998年度税制改正により次第に40％から20％に引き下げられ，2000年度税制改正で退職給与引当金は廃止された。
2) 退職給付債務を分類すると，①未だ受給権が確定していない従業員にかかる将来給付の現在割引価値と，②将来の昇給などによる退職給付の増加に分けることができる。PBO（Projected Benefit Obligation）とは，①と②の両方を含めた予測給付債務で，ABO（Accumulated Benefit Obligation）とは，①を含むが②は含まない累積給付債務で，VBO（Vested Benefit Obligation）とは①と②の両方を含まない確定給付債務のことである。
3) たとえば，奥積賢一（2002）参照。
4) 伊藤邦雄（2003）p.20。
5) 日本公認会計士協会では，信託拠出された年金資産の返還益を原則として認めない草案を決定した。日本経済新聞2004年9月8日（朝刊）。
6) 中北　徹・佐藤真良（1999）p.165。

参考文献

- 伊藤邦雄『ゼミナール現代会計入門（第4版）』日本経済新聞社，2003年。
- 今福愛志『年金の会計学』新世社，2000年。
- 奥積賢一「401(k)の問題点」，日本消費経済学会編『日本消費経済学会年報』第22集，2002年。
- 武田隆二『最新財務諸表論（第9版）』中央経済社，2004年。
- 中央青山監査法人編『アメリカの会計原則2004年版』東洋経済新報社，2003年。
- 中北　徹・佐藤真良『グローバルスタンダードと国際会計基準』経済法令研究会，

1999年。
- 中村文彦『退職給付の財務報告』森山書店，2003年。
- 平野嘉秋編著『基本ゼミナール　新しい企業会計制度』大蔵財務協会，2001年。
- 広瀬義州『財務会計（第4版）』中央経済社，2004年。

（奥積　賢一）

第18章

公　会　計

I　公会計の定義

　公会計とは，国や地方公共団体等の公共部門における会計をいい，営利を目的とした企業会計（私企業会計）とはその準拠法令が区別され，地方自治法（地方自治法施行令，地方自治法施行規則），地方財政法（地方財政法施行令），地方公営企業法（地方公営企業法施行令，地方公営企業法施行規則）等の法律及び政令に基づきその手続が行われているものをいう。

　一般に，公会計はパブリック・セクター（Public Sector）の会計，企業会計はプライベート・セクター（Private Sector）の会計といわれている。広義における公会計の範囲には国・地方公共団体会計，非営利事業体会計，公企業会計が含まれ，狭義における公会計の範囲には国・地方公共団体の会計のみが含まれることとなる。

　これらの分類について考察するならば，国・地方公共団体の会計については，営利的思考が最も低いものであることから，公的会計分野における「狭義の会計」として位置づけられることとなる。そして，非営利事業体の会計については，NPO法人や独立行政法人等の非営利事業を行うことを運営の指針としながらも，独立採算制を採っている法人の会計をその内容としていることから，公的な性質をもちながらも，「狭義の公会計」に比しては公共性が低いものと考

えられている。よって，これらを「非営利会計」として位置づけている。最後に，公企業会計については，地方公営企業法に定める地方公営企業（鉄道・上下水道事業等）の会計をその内容とし，公共性が高く，かつ収益事業を行っていることから営利性についても高いものとして，「公的・営利企業」として位置づけている。一般に，これら①国・地方公共団体の会計，②非営利事業体会計，③公益事業会計の3者を「公会計」と称している。

Ⅱ 公的会計基準の構造とその内容

　パブリック・セクター（Public Sector）の会計については，各会計主体により準拠しなければならない法令が異なることから，その会計基準もまた異なる形式により作成されている。

1．国・地方公共団体の会計の特質

　国・地方公共団体の会計は，国については憲法，財政法，会計法，特別会計法，国有財産法，物品管理法に準拠し会計手続が行われ，地方公共団体については地方自治法（地方自治法施行令，地方自治法施行規則），地方財政法（地方財政法施行令）等の法律及び政令に基づきその会計手続が行われている。国及び地方公共団体は，営利を目的としない団体として存立していることから，その会計処理については「単式簿記」及び「現金主義」による財産の管理を目的とした歳入歳出型の会計が採用されている。したがって，これらの会計については，企業会計において用いられている貸借対照表や損益計算書といった財務諸表は作成されず，「歳入歳出決算書」とその附属明細書等が作成されることとなる。

2．非営利事業体の会計の特質

　非営利事業体の会計とは，独立行政法人や特定非営利活動法人（NPO法人）等の会計をいい，独立行政法人については「独立行政法人会計基準」，特定非営利活動法人については「NPO法人会計基準」に基づき，会計処理が行われてい

る。これらの会計では，おおむね企業会計原則に準拠した処理基準が採られていることから，「複式簿記」及び「発生主義」に基づいた会計の最終報告書たる企業会計と同様の貸借対照表，及び損益計算書が作成されるとともに，「キャッシュ・フロー計算書」や「行政サービス実施コスト計算書」といった計算書類も作成されていることがその特質として挙げられる。

3. 公益事業体の会計の特質

公益事業体の会計とは，地方財政法及び地方公営企業法に定める地方公営企業（鉄道・上下水道事業等）の会計をいい，社会公共の利益に資することを目的して設立された地方公共団体の内部組織の会計として位置づけられている。公益事業体の事業については，①水道事業，②工業用水道事業，③交通事業，④電気事業，⑤ガス事業，⑥簡易水道事業，⑦港湾整備事業，⑧病院事業，⑨市場事業，⑩と畜事業，⑪観光施設事業，⑫宅地造成事業，⑬公共下水道事業をその内容とし「独立採算」を原則とした運営が行われている。そして，会計システムについては，企業会計において用いられている貸借対照表や損益計算書といった財務諸表の作成が行われているが，一方で地方公共団体の内部組織としての性格を有していることから，企業会計方式を採りながらも「予算制度」を設けているといった特質を有している。

III　公会計における基本的課題

わが国の公会計では，特に地方公共団体の会計において，近年その会計処理上の問題点が指摘されているところである。上述したとおり，地方公共団体においては，「現金主義」及び「単式簿記」により会計手続が行われ，「財産の管理」を目的とした会計内容となっている。したがって，地方公共団体の財政状態や行政活動の効率性といった会計情報を示す財務諸表の作成が行われないといった問題を有し，企業会計方式を導入した新しい会計処理基準の策定が求められている。

このようなことから，各地方公共団体においては地方公共団体の説明責任を果たすことを目的として，「発生主義」及び「複式簿記」を採用し，企業会計方式に則した会計システムの構築を行っている。

「地方公共団体の総合的な財政分析に関する調査研究会報告書」によれば，地方公共団体の計算書類の役割について，(a)行政活動の経営資源と，その経営資源を調達するための財源の状況を総括的に表すことができること，並びに，(b)人的サービスや給付サービス等の資産形成に直結しない行政サービスの提供のために，地方公共団体がどのような活動をするべきかについてコスト面からの把握が行われること，と示している。このような役割を担うための方策として，従来から地方公共団体において用いられている現金主義を発生主義に，そして単式簿記を複式簿記に転換することとなったのである。

IV 公会計改革の動向と今後の方向性

わが国の地方公共団体においては，アカウンタビリティ（会計責任）を果たすことを目的として，その会計処理に企業会計の思考を導入している。その内容については，費用の認識においては「発生主義」を取り入れ，記帳方式においては「複式簿記」を取り入れたものとなっているが，このような公会計改革は，地方自治法や地方財政法の改正により行われているものではなく，あくまで各地方公共団体において積極的に推進されているものである。

これらの改革により，現在では，地方公共団体の財政状態を表すストック指標としての「バランスシート」が作成されているとともに，行政活動の経営状態を示すフロー指標としての「行政コスト計算書」が作成されている。

今後は，「バランスシート」及び「行政コスト計算書」の作成並びに公表に加え，各地方公共団体全体の計算書類の作成，すなわち普通会計と上下水道，病院，公営事業等を含めた連結計算書類の作成が行われるとともに，第3の計算書類として注目されつつある「キャッシュ・フロー計算書」の作成をも行われることが予見される。

1. バランスシートの構造とその内容

地方公共団体におけるバランスシートは、資産・負債・正味資産の3つの概念をその構成要素とし、地方公共団体の財政状態を示すものとなっている。資産および負債の概念については、企業会計と同様のものとなっているが、正味資産については地方公共団体会計独自の概念であるといえる。ここにいう正味資産とは、企業会計における「資本」に類似した概念であるが、地方公共団体においては「利益」や「資本」といった概念がないことから、国庫補助金や都道府県補助金といった他人資本以外の資本について、これらを「正味資産」として表すこととされている。

バランスシートの構成については、まず資産の表示方法において「固定性配列法」が用いられている。これは行政の主な役割が、インフラ資産の整備を通して住民へのサービス提供を行うことから、固定資産価額の把握に焦点を置いていることによるものであると考えられる。また固定資産の評価基準については取得原価主義を採用しており、これが毎期、定額法によって減価償却を行うことにより費消されていくこととなる。負債の部の項目としては、退職給付引当金及び債務負担行為の計上が、発生主義により作成されるバランスシートの特質であるといえる。そして資産と負債との差額が「正味資産」として計上されることとなる。これは企業会計における貸借対照表「資本の部」に相当するものである。

2. 行政コスト計算書の構造とその内容

地方公共団体における行政コスト計算書は、費用と収入の2つの概念をその構成要素とし、地方公共団体の行政活動の経営状態を示すものとなっている。行政コスト計算書の構造については、縦列に議会費、総務費、民生費等の一般会計における行政目的別に区分した項目を表示し、横列にはそれらに対応する費用ないしは収入を計上し、最終的な行政コストの表示を行うものである。

横列の項目は、(A)歳出総額、(B)歳出コスト、(C)発生コスト、(D)コスト総額、(E)諸収入、(F)行政コストからなり現金主義による(A)の歳出総額に、発生主義に

よる(C)の発生コストを加味し，最終的に(F)の行政コストが算出されることになる。

(A)の歳出総額とは，歳入歳出決算書における歳出の合計額を計上したものであり，建設費及び人件費等から構成され，これらは個別に区分し表示される。ここでの建設費とは施設整備などの工事請負費，公有財産購入費，備品購入費等の他に，受託事業や修繕費に係る支出も含まれるものである。また人件費とは，一般職員のみならず，議員，委員等の特別職に対する給料及び退職手当等を集計したものであり，各行政目的別の歳出人件費を表すものである。

(B)の歳出コストとは，上記(A)の現金主義によって計上される歳出総額から，発生主義を一部取り入れた費用を控除した結果算出されるものである。これは，地方公共団体における実際の現金支払額ではなく，期間費用額を算定したものであり，ここにいう歳出総額から控除される項目としては，①資産の増加額および②負債の減少額を表すものである。

このように歳出コストとは，現金主義に基づく歳入歳出決算書から導き出される(A)の歳出総額から，発生主義に基づく(C)の発生コストを加味した後に算出される(D)のコスト総額を算出するまでの，現金主義から発生主義への修正計算としての役割を担うものとされている。

(C)の発生コストとは①公債利子，②退職給付引当金及び③減価償却費から構成されており，発生主義に基づいた費用を計上している。①の公債利子は，歳入歳出決算書において公債元金償還額と一括した公債費として計上されるものであり，公債利子がどの政策にかかる費用であるのかが明確にされていないが，行政コスト計算書においては期間帰属費用としてこれを各政策別に費用計上できるといった特質を有している。

このように発生コストとは，発生主義に基づく公債利子，退職給付引当金及び減価償却費から構成されるものであり，(B)の歳出コストにこれを加えることにより(D)のコスト総額が算出されることになる。

(E)の諸収入とは①料金・使用料及び②国庫等負担金等から構成されるものである。①の料金・使用料とは，公的サービスの受益者である利用者が特定して

いるサービスに対するその受益者による負担額を表し，②の国庫等負担金とは，国庫負担金及び国庫補助金及び委託料といった国庫支出金をいい，国の政策判断により国庫が負担する額をその内容としている。これら諸収入は(D)のコスト総額から控除されることにより，(F)の行政コストが算出される。

(F)の行政コストとは，(D)のコスト総額から利用者の負担する料金，使用料および国庫等負担金等の各行政目的に対応した諸収入を控除した残額であり，市税に依存する行政コストを算出することになる。(E)の諸収入には税負担が加味されていないことから，この行政コストの算定においては，各行政別に住民の税負担と行政コストの関係が明確にされることとなる。

このように行政コスト計算書とは，現金主義に基づいて算出される現金支出額から発生主義に基づく発生コストを加味することにより，住民の税負担と行政コストとの関係を明らかにすることから，地方公共団体における行政運営の効率化に資するものであると考えられる。

参考文献

- 岡野行秀・植草　益編『日本の公企業』東京大学出版，1983年。
- 総務省行政評価局「政策評価に関する標準的ガイドライン」2001年。
- 総務省編「地方公共団体の総合的な財政分析に関する調査研究会報告書」2001年。
- 東京都財政局「東京都の会計制度改革の基本的考え方と今後の方向」2003年。
- 吉田　寛『政府・地方自治体と公企業の会計』森山書店，1993年。

（山崎　敦俊）

索 引

あ行

後入先出法 …………………………… 104
委託販売 ……………………………… 94
一時差異 ………………………… 117, 130
一時的差異 …………………………… 13
移動平均法 …………………………… 105
永久差異 ……………………………… 130
Ｓ－Ｈ－Ｍ会計原則 ………………… 17

か行

確定給付型 …………………………… 160
確定拠出型 …………………………… 160
確定決算基準 ………………………… 4, 12
確定決算主義 ………………………… 37
割賦販売 ……………………………… 94
貨幣評価の公準 ……………………… 19
勘定式 ………………………………… 50
企業実体の公準 ……………………… 18
企業体理論 ………………………… 59, 72
逆基準性の問題 ……………………… 4
キャッシュ・フロー計算書 ………… 123
狭義説 ………………………………… 72
行政コスト計算書 ……………… 173, 175
国・地方公共団体の会計 …………… 170
繰延税金資産 …………………… 13, 132
繰延税金負債 ………………………… 132
繰延法 ………………………………… 131
継続企業の公準 ……………………… 19
継続性の原則 ……………………… 20, 23

原価主義会計 …………………… 102
原価主義の原則 ……………………… 102
原価(費用)配分の原則 ……………… 103
現金主義会計 …………………… 91, 101
減損会計 ………………………… 149, 153
公益事業体の会計 …………………… 171
公会計 …………………………… 169, 170
広義説 ………………………………… 72
公正価値 ……………………………… 6
固定性配列法 ………………………… 51
個別法 ………………………………… 104

さ行

財産法 …………………………… 53, 54
先入先出法 …………………………… 104
資産負債法 …………………………… 132
実現主義 ………………………… 92, 93
資本準備金 ……………………… 30, 73
資本剰余金 ……………………… 30, 73
資本と利益区別の原則 …………… 20, 71
資本取引・損益取引区別の原則 …… 22
資本主理論 ……………………… 59, 72
修繕引当金 ……………………… 64, 65
重要性の原則 …………………… 22, 26
授権資本制度 ………………………… 75
試用販売 ……………………………… 94
商法施行規則 …………………… 9, 28～30
将来加算一時差異 …………………… 132
将来減算一時差異 …………………… 132
真実性の原則 …………………… 20, 21
正規の簿記の原則 ……………… 20, 21
税効果会計 ……… 13, 15, 117, 129, 134, 152

静態論·····································54
静的貸借対照表·························54
全面時価評価法·························136
総額主義の原則·························83
損益法··························53, 55, 81

た 行

退職給付引当金·························159
棚卸法····································49
単一性の原則·····························20, 25
当期業績主義損益計算書···············82
動的貸借対照表·························55
トライアングル体制····················3

な 行

内部利益除去の原則····················83

は 行

発生主義会計····························90, 101
発生主義の原則·························101
パブリック・セクター················169, 170
非営利事業体の会計····················170
評価性引当金····························65
費用収益対応の原則····················100
費用配分の原則·························18

負債性引当金·····················64, 65, 159
部分時価評価法·························135
ヘッジ····································144
ヘッジ会計·······························145, 146
別段の定め·······························10
包括主義損益計算書····················82
報告式····································50
保守主義の原則·························20, 24

ま 行

明瞭性の原則·····························20, 23
持分法····································118

や 行

誘導法····································49
予約販売·································94

ら 行

リース負債·······························64, 65
利益準備金·······························31, 74
利益剰余金·······························31, 74
流動性配列法····························51
連結財務諸表····························111, 113, 115
連結納税制度····························15

編著者紹介

田中　久夫（たなか　ひさお）

- 出　身：昭和32年群馬県高崎市生まれ
- 学　歴：中央大学商学部会計学科卒業後，明治大学大学院経営学研究科を経て，横浜市立大学大学院経営学研究科修了
- 現　職：作新学院大学経営学部教授・経営学部長
- 専　攻：会計学，商法，税法
- 主な著書：
  単著『商法と税法の接点（三訂版）』財経詳報社（第13回日本税理士会連合会学術研究奨励賞受賞）
  単著『税務会計論序説』税務経理協会
  編著『不動産投資』ダイヤモンド社
  編著『現代会計システム論』税務経理協会
  編著『現代企業・法と会計の周辺事情』税務経理協会
  編著『逐条解説　改正商法施行規則（計算規定）』税務経理協会
  編著『会計学を学んだあとの法人税法セミナー』学陽書房
  その他多数

編著者との契約により検印省略

平成17年2月10日　初版発行

アカウンティング ホライズン
－現代会計学の基礎知識－

編著者	田　中　久　夫
発行者	大　坪　嘉　春
印刷所	税経印刷株式会社
製本所	三　森　製　本　所

発行所　東京都新宿区下落合2丁目5番13号　株式会社　税務経理協会
郵便番号 161-0033　振替 00190-2-187408　電話(03)3953-3301(編集部)
FAX (03)3565-3391　(03)3953-3325(営業部)
URL http://www.zeikei.co.jp/
乱丁・落丁の場合はお取替えいたします。

Ⓒ　田中久夫　2005　　　　　　　　　　　Printed in Japan

本書の内容の一部又は全部を無断で複写複製（コピー）することは，法律で認められた場合を除き，著者及び出版社の権利侵害となりますので，コピーの必要がある場合は，予め当社あて許諾を求めて下さい。

ISBN4-419-04500-0　C1063